Noveller på Danska

Korta berättelser på Danska för nybörjare och elever på mellanstadiet

William Hansen

greenthumbpublishing@gmail.com

Innehåll

Introduktion

Att läsa på ett främmande språk är ett av de mest effektiva sätten att förbättra språkkunskaperna och utöka ordförrådet. Det kan dock ibland vara svårt att hitta engagerande läsmaterial på en lämplig nivå som ger en känsla av prestation och framsteg. De flesta böcker och artiklar som är skrivna för modersmålstalare kan vara för långa och svåra att förstå eller ha ett ordförråd på mycket hög nivå så att du känner dig överväldigad och ger upp. Om dessa problem låter bekanta är den här boken något för dig!

Noveller på Danska är en samling av 25 okonventionella och underhållande noveller som är utformade för att hjälpa nybörjare och elever på mellannivå Danska att förbättra sina språkkunskaper.

Dessa noveller skapar en stödjande läsmiljö genom att innehålla:

- Ett rikt språkligt innehåll i olika genrer som underhåller dig och ger dig en mängd olika ordformer.
- Kortare berättelser i kapitel för att ge dig nöjet att avsluta berättelser och göra snabba framsteg.
- Texter som är skrivna på din nivå så att de är lättare att förstå och inte överväldigande.
- Svensk översättning på växlande sidor, så att du kan läsa den rad för rad när du läser berättelsen Danska.
- Nyckelord är tryckta i fetstil i berättelsen och översättningen för att hjälpa dig att lättare förstå okända ord.
- Förståelsefrågor för att testa din förståelse av viktiga händelser och för att uppmuntra dig att läsa mer i detalj.

Oavsett om du vill utöka ditt ordförråd, förbättra din förståelse eller bara läsa för skojs skull är den här boken det största steget framåt du kan ta i dina studier i år. Noveller på Danska ger dig allt stöd du behöver, så luta dig tillbaka, slappna av och låt fantasin flöda när du förflyttas till en magisk värld av äventyr, mysterier och intriger - på Danska!

Hur du använder den här boken

Läsning är en svår talang att bemästra. Vi använder en rad mikrofärdigheter för att hjälpa oss att läsa på våra modersmål. Vi kan till exempel skumma ett avsnitt för att få en grov förståelse, eller en kontentan, av vad det handlar om. Vi kan också kamma igenom många sidor i en tågplan för att hitta en viss tid eller plats. Medan dessa mikrofärdigheter är en självklarhet när vi läser på våra modersmål, visar forskning att vi ofta glömmer de flesta av dem när vi läser på ett främmande språk. När vi lär oss ett främmande språk börjar vi vanligtvis i början av en text och arbetar oss igenom den och försöker förstå varje enskilt ord. Det är oundvikligt att vi stöter på obekanta eller komplicerade termer och blir irriterade över vår oförmåga att förstå dem.

En av de största fördelarna med att läsa på ett främmande språk är att du får tillgång till ett stort antal fraser och uttryck som används i vardagliga situationer. Extensiv läsning är en term som används för att beskriva läsning för nöjes skull för att lära sig ett språk. Det är inte som att läsa en lärobok, då konversationer eller texter är utformade för att läsas långsamt och noggrant med målet att förstå varje ord. "Intensiv läsning" avser läsning som görs för att uppnå specifika inlärningsmål eller slutföra uppgifter. För att uttrycka det på ett annat sätt: grundlig läsning i läroböcker hjälper vanligtvis till att lära sig grammatiska regler och särskilt ordförråd, men omfattande läsning av berättelser hjälper till att lära sig det naturliga språket.

Noveller på Danska ger dig möjligheter att lära dig mer

om det naturliga Danska språket i bruk, även om du kanske har börjat din språkinlärningsresa med enbart läroböcker. Här är några tips att tänka på när du läser berättelserna i den här boken för att få ut så mycket som möjligt av dem: När det gäller läsning är nöje och en känsla av att ha uppnått något avgörande. Du fortsätter att komma tillbaka för mer eftersom du tycker om det du läser. Att läsa varje berättelse från början till slut är den bästa metoden för att njuta av att läsa berättelser och känna sig fulländad. Följaktligen är det mest avgörande att komma till slutet av en berättelse. Det är faktiskt mer avgörande än att kunna varje enskilt ord.

Ju mer du läser, desto mer kunskap får du. Om du läser större böcker för nöjes skull kommer du snabbt att få kunskap om hur Danska fungerar. Tänk dock på att för att få alla fördelar av omfattande läsning måste du först läsa en tillräckligt stor volym. Om du läser några sidor här och där kan du kanske lära dig några nya ord, men det kommer inte att göra någon större skillnad i din totala nivå av Danska.

Acceptera att du inte kommer att förstå allt du läser i en roman. Detta är utan tvekan den viktigaste punkten! Kom alltid ihåg att det är helt acceptabelt att inte förstå alla ord eller meningar. Det innebär inte att dina språkkunskaper är otillräckliga eller att du presterar dåligt. Det tyder på att du aktivt deltar i inlärningsprocessen.

Läsguide

För att få ut så mycket som möjligt av att läsa Noveller på Danska är det bäst om du följer denna enkla läsprocess i sex steg för varje kapitel i berättelserna:

1. Läs kapitlets titel. Tänk på vad berättelsen kan handla om. Läs sedan berättelsen hela vägen igenom. Ditt mål är helt enkelt att nå slutet av berättelsen. Stanna därför inte upp för att slå upp ord och oroa dig inte om det finns saker som du inte förstår. Försök helt enkelt att följa handlingen.

2. När du når slutet av berättelsen ska du skanna den svenska översättningen för att se om du har förstått vad som har hänt och ta upp eventuella sammanhang som du kan ha missat.

3. Gå tillbaka och läs samma berättelse igen. Om du vill kan du fokusera mer på berättelsens detaljer än tidigare, men annars är det bara att läsa igenom den en gång till.

4. Arbeta sedan igenom förståelsefrågorna i Danska för att kontrollera din förståelse av viktiga händelser i berättelsen. Om du inte förstår frågorna helt och hållet ska du inte oroa dig. Använd dina kunskaper för att svara så gott du kan.

5. Vid det här laget bör du ha en viss förståelse för de viktigaste händelserna i kapitlet. Om inte kan du läsa om kapitlet några gånger med hjälp av översättningen för att kontrollera okända ord och fraser tills du känner dig säker.

När du är redo och säker på att du förstår vad som har

hänt - oavsett om det är efter en eller flera läsningar av berättelsen - går du vidare till nästa berättelse och fortsätter att njuta av berättelsen i din egen takt, precis som du skulle göra med vilken annan bok som helst.

Först när du har avslutat en berättelse i sin helhet bör du överväga att gå tillbaka och studera berättelsespråket mer ingående om du vill. Eller i stället för att oroa dig för att förstå allt, ta dig tid att fokusera på allt du har förstått och gratulera dig själv till allt du har gjort.

Noveller på Danska

William Hansen

Nat i København

Natten var ung, og det var vi også. Vi var lige ankommet til **København og** var klar til at udforske. Vi gik rundt i byen og tog imod seværdighederne og lydene fra dette nye sted. Luften var kold, men det gjorde os ikke noget. Vi var for begejstrede til at bekymre os om det. Vi **faldt** over en bar og besluttede os for at gå indenfor. Det var hyggeligt og varmt indenfor, og der brændte en ild i pejsen. Vi bestilte nogle **drinks og satte os** ved ilden for at slappe af. Mens vi **nippede til** vores drinks, kiggede vi på folk og talte om alle de ting, vi ville lave, mens vi var i byen. Der var så meget at se og gøre, at det var svært at vide, hvor vi skulle begynde! **Til sidst**, trætte af at have gået (og drukket), **besluttede** vi **os for** at gå i seng. Vi gik tilbage til vores hotelværelse og **fnisede** som skolepiger over alle de eventyr, der ventede os under vores ophold i København.

Den næste dag vågnede vi tidligt og besluttede at tage på gaden igen. Vi gik rundt i et stykke tid og stoppede i butikker og på caféer undervejs. Vi købte nogle **souvenirs** til vores venner derhjemme og **smagte på** nogle af de lokale retter. Om eftermiddagen tog vi på en bådtur rundt i byen. Det var så smukt! Solen skinnede, og vi fik set alle seværdighederne fra vandet. Bagefter gik vi rundt lidt mere og tog alting ind. Da det

Natt i Köpenhamn

Natten var ung, och det var vi också. Vi hade precis anlänt till **Köpenhamn och** var redo att utforska. Vi gick runt i staden och tog in sevärdheter och ljud från denna nya plats. Luften var kall, men det störde oss inte. Vi var för uppspelta för att bry oss. Vi **snubblade** över en bar och bestämde oss för att gå in. Det var mysigt och varmt där inne, med en brasa som brann i kaminen. Vi beställde några **drinkar** och satte oss vid elden för att koppla av. Medan vi **drack** våra drinkar tittade vi på folk och pratade om allt vi ville göra när vi var i stan. Det fanns så mycket att se och göra att det var svårt att veta var vi skulle börja! **Så småningom**, trötta av alla våra promenader (och drickande), **bestämde** vi **oss för att sluta för** kvällen. Vi tog oss tillbaka till vårt hotellrum och **fnissade** som skolflickor över alla äventyr som väntade oss under vår vistelse i Köpenhamn.

Nästa dag vaknade vi tidigt och bestämde oss för att ge oss ut på gatorna igen. Vi gick runt en stund och stannade till i butiker och på kaféer längs vägen. Vi köpte några **souvenirer** till våra vänner hemma och **provade** lite av det lokala köket. På eftermiddagen åkte vi på en båttur i staden. Det var så vackert! Solen sken och vi fick se alla sevärdheter från vattnet. Efteråt gick vi runt lite mer och tog in allting. När kvällen började

begyndte at blive mørkt, befandt vi os i Tivoli **Gardens - en** forlystelsespark lige midt i hjertet af København! Vi kørte i nogle forlystelser, spillede nogle spil og spiste masser af junkfood, inden vi endelig **tog** tilbage til vores hotelværelse igen. På vores sidste dag i **København** ville vi sikre os, at vi så alt det, som vi ikke havde nået at se endnu. Vi startede med at besøge statuen Den Lille **Havfrue -** et af Københavns mest berømte vartegn. Derefter gik turen til Rosenborg Slot, inden vi tog over til Christiansborg Slot (hvor det danske parlament har sæde).

På dette tidspunkt var vores fødder ved at være i **stykker,** men der var en ting mere på vores liste: Nyhavn er et **malerisk** havneområde med farverige bygninger, der bare tigger om at blive **fotograferet**! Og det var så der, vi endte med at tilbringe vores sidste par timer i Danmark; vi gik rundt i Nyhavn hånd i hånd, som om intet andet betød noget i verden end at være sammen i det øjeblik. “ Og det var sådan vi tilbragte vores tre nætter i København. Det var en **hvirvelvind** af en tur, men vi elskede hvert eneste minut af den. Vi **skabte** så mange minder, som vi vil værdsætte for evigt. Hvis du nogensinde får chancen for at tage af sted, så tøv ikke - bare tag af sted!

falla hittade vi till Tivoli **Gardens - en** nöjespark mitt i hjärtat av Köpenhamn! Vi åkte några åkattraktioner, spelade några spel och åt massor av skräpmat innan vi slutligen **tog oss** tillbaka till vårt hotellrum igen. På vår sista dag i **Köpenhamn** ville vi se till att vi såg allt som vi ännu inte hade hunnit se. Vi började med att besöka statyn Den lilla **sjöjungfrun -** ett av Köpenhamns mest kända landmärken. Sedan var det dags att se Rosenborgs slott innan vi åkte över till Christiansborgs slott (det danska parlamentets säte).

Vid det här laget hade våra fötter **tagit död på** oss, men det fanns en sak till på vår lista: Nyhavn är ett **pittoreskt** hamnområde med färgglada byggnader som bara ber om att bli **fotograferad**! Och det var så det slutade med att vi tillbringade våra sista timmar i Danmark; vi gick runt i Nyhavn hand i hand som om inget annat betydde något i världen än att vara tillsammans i det ögonblicket. " Och det var så vi tillbringade våra tre nätter i Köpenhamn. Det var en **virvelvind** av en resa, men vi älskade varje minut av den. Vi **skapade** så många minnen som vi kommer att vårda för alltid. Om du någonsin får chansen att åka, tveka inte - åk bara!

Forståelse spørgsmål

1. Hvad er hovedpersonens første tanker, da han ankommer til København?

2. Hvor tager hovedpersonen og deres ledsager hen efter at have forladt deres hotelværelse?
første aften?

3. Hvad laver hovedpersonen på den anden dag i København?

4. Hvorfor er Tivoli en passende aktivitet for hovedpersonen på deres tredje aften i København?

5. Hvordan føler hovedpersonen sig ved slutningen af rejsen?

6. Hvad er hovedpersonens favorit ved København?

7. Hvad synes hovedpersonen om maden i København?

8. Hvad er hovedpersonens mening om Rosenborg Slot?

9. Hvad synes hovedpersonen om Nyhavn?

10. Ville hovedpersonen anbefale en rejse til København til andre?

Frågor om förståelse

1. Vilka är huvudpersonens första tankar när han anländer till Köpenhamn?

2. Vart går huvudpersonen och deras följeslagare efter att ha lämnat hotellrummet?
första kvällen?

3. Vad gör huvudpersonen den andra dagen i Köpenhamn?

4. Varför är Tivoli en lämplig aktivitet för huvudpersonen under deras tredje natt i Köpenhamn?

5. Hur känner sig huvudpersonen i slutet av resan?

6. Vad är huvudpersonens favoritsak i Köpenhamn?

7. Vad tycker huvudpersonen om maten i Köpenhamn?

8. Vad anser huvudpersonen om Rosenborgs slott?

9. Vad tycker huvudpersonen om Nyhavn?

10. Skulle huvudpersonen rekommendera en resa till Köpenhamn till andra?

Den gamle vindmølle

Den gamle **vindmølle** havde været forladt i årevis. Men da den nye **familie** flyttede ind, besluttede de sig for at sætte den i stand. **Far** og søn arbejdede sammen for at få vingerne til at dreje igen. Og snart lavede møllen igen mel. Møllen blev et populært sted for turister. De kom for at se **vingerne** dreje i vinden og købe frisk mel af familien. Faderen og sønnen nød at have folk omkring sig og høre deres historier. En dag kom der en **kvinde på** besøg, som fortalte, at hun havde boet i huset ved møllen, da hun var barn. Hun fortalte dem om, hvordan hendes **bedstefar** plejede at drive møllen i dens storhedstid. Mens hun talte, kunne faderen og sønnen se, at hun stadig havde en dyb tilknytning til dette sted på **trods af** alle de år, der var gået. Kvindens bedstefar var gået bort for nogle år siden, men hun kom stadigvæk på besøg på den gamle mølle.

Hun sad ved vinduet i sin bedstefars værelse og så på, hvordan **bladene** drejede sig. Det bragte så mange **minder frem i** hendes bevidsthed. En dag besluttede hun sig for at tage ned til møllen og tale med den far og søn, der nu drev den. De var glade for at høre hendes historier om stedets historie. Og de fortalte hende, at hun altid var velkommen til at komme på besøg, når hun havde lyst. Kvinden blev en regelmæssig

Den gamla väderkvarnen

Den gamla **väderkvarnen** hade stått övergiven i flera år. Men när den nya **familjen** flyttade in bestämde de sig för att fixa till den. **Pappa** och son arbetade tillsammans för att få bladet att snurra igen. Och snart tillverkade kvarnen mjöl igen. Kvarnen blev en populär plats för turister. De kom för att titta på hur **bladen** vände sig i vinden och för att köpa färskt mjöl av familjen. Fadern och sonen njöt av att ha folk omkring sig och höra deras historier. En dag kom en **kvinna på** besök som berättade att hon brukade bo i huset vid kvarnen när hon var barn. Hon berättade om hur hennes **farfar** brukade driva kvarnen under dess storhetstid. När hon berättade kunde fadern och sonen se att hon fortfarande hade en djup koppling till denna plats **trots** alla dessa år. Kvinnans farfar hade gått bort för några år sedan, men hon kom fortfarande för att besöka den gamla kvarnen.

Hon satt vid fönstret i sin farfars rum och tittade på hur **bladen** vreds. Det väckte så många **minnen** hos henne. En dag bestämde hon sig för att gå ner till kvarnen och prata med far och son som nu drev den. De var glada att höra hennes berättelser om platsens historia. Och de sa till henne att hon alltid var välkommen att komma på besök när hon ville. Kvinnan

besøgende på møllen. Hun tog sine **børnebørn** og oldebørn med for at se den. Og hun stoppede altid op og talte med faderen og sønnen, som drev den. De var **blevet** gode venner i årenes løb. En dag begyndte kvindens helbred at blive dårligere, og hun vidste, at hun ikke ville være i stand til at komme tilbage til møllen igen.

Så hun spurgte **faderen** og sønnen, om de kunne holde øje med den for hende. De **lovede, at** de ville passe på den, ligesom hun havde gjort for alle de år siden. Den gamle vindmølle står stadig i dag. Bladene drejer ikke længere, men det er ikke desto mindre et smukt syn. Og når vinden blæser, kan man stadig høre den svage lyd af møllen, der kværner mel. Kvinden **døde for** et par år siden, men hendes familie kommer stadig på besøg i møllen. De sidder i hendes bedstefars værelse og kigger ud på **vingerne, der** drejer i vinden. Og de husker alle de glade stunder, de havde her sammen med deres bedstemor. Den gamle vindmølle er et symbol på kvindens liv. Den er en påmindelse om hendes dybe tilknytning til dette sted og de **mennesker,** hun elskede. Og den vil altid være en del af hendes families historie.

blev en regelbunden besökare vid kvarnen. Hon tog med sig sina **barnbarn** och barnbarnsbarn för att se den. Och hon stannade alltid och pratade med fadern och sonen som drev den. De hade **blivit** goda vänner under årens lopp. En dag började kvinnans hälsa att försämras och hon visste att hon inte skulle kunna komma tillbaka till kvarnen igen.

Så hon frågade **fadern** och sonen om de kunde hålla ett öga på den åt henne. De **lovade att** de skulle ta hand om den precis som hon hade gjort för alla dessa år sedan. Den gamla väderkvarnen står fortfarande kvar i dag. Bladen snurrar inte längre, men det är ändå en vacker syn. Och när vinden blåser kan man fortfarande höra det svaga ljudet av kvarnen som maler mjöl. Kvinnan **gick** bort för några år sedan, men hennes familj kommer fortfarande för att besöka kvarnen. De sitter i hennes farfars rum och tittar ut på **vingarna som** snurrar i vinden. Och de minns alla lyckliga stunder de hade här med sin mormor. Den gamla väderkvarnen är en symbol för kvinnans liv. Den är en påminnelse om hennes djupa koppling till den här platsen och de **människor** hon älskade. Och den kommer alltid att vara en del av hennes familjs historia.

Forståelse spørgsmål

1. Hvad gjorde den nye familie, da de flyttede ind i huset ved den gamle vindmølle?

2. Hvordan blev møllen populær igen?

3. Hvem kom på besøg i møllen en dag?

4. Hvad sagde kvinden, der kom på besøg, til faderen og sønnen?

5. Hvorfor begyndte kvinden at komme på besøg på møllen igen?

6. Hvordan ændrede forholdet mellem kvinden og faderen og sønnen sig over tid?

7. Hvad bad kvinden faderen og sønnen om at gøre, før hun døde?

8. Hvad er den gamle vindmølle et symbol på for kvindens familie?

9. Hvad gør familien, når de besøger den gamle vindmølle?

10. Hvad repræsenterer lyden af møllen, der kværner mel, for kvindens familie?

Frågor om förståelse

1. Vad gjorde den nya familjen när de flyttade in i huset vid den gamla väderkvarnen?

2. Hur blev kvarnen populär igen?

3. Vem besökte kvarnen en dag?

4. Vad sa kvinnan som kom på besök till fadern och sonen?

5. Varför började kvinnan besöka kvarnen igen?

6. Hur förändrades förhållandet mellan kvinnan och fadern och sonen med tiden?

7. Vad bad kvinnan fadern och sonen att göra innan hon dog?

8. Vad är den gamla väderkvarnen en symbol för kvinnans familj?

9. Vad gör familjen när de besöker den gamla väderkvarnen?

10. Vad representerar ljudet av kvarnen som maler mjöl för kvinnans familj?

Tivoli-haverne

Tivoli-haven var engang et **smukt** sted. Blomsterne blomstrede, træerne var grønne, og solen skinnede ned på de glade mennesker nedenunder. Men det var før krigen. Nu er haven kun en skygge af sit tidligere selv. Blomsterne er visnet, træerne er døde, og der er ingen tegn på **liv nogen** steder. Men selv i denne mørke tid er der stadig håb. En lille gruppe modstandskæmpere har brugt haverne som base **for at** slå tilbage mod besættelsesmagten. De planlægger og gennemfører dristige angreb mod fjendens mål og **forsvinder** altid i skyggerne **bagefter**. En aften får de besked om, at en højtstående embedsmand vil besøge haven for at inspicere den.

Dette er deres chance for at tage ham som gidsel og få en reel indflydelse på krigsindsatsen! De udarbejder omhyggeligt deres planer og venter på, at han ankommer. Embedsmanden ankommer lige til tiden, flankeret af et **dusin** tungt bevæbnede livvagter. Modstandskæmperne går i aktion og angriber med alt, hvad de har. Men **livvagterne** er for stærke, og embedsmanden undslipper. Kæmperne omgrupperer sig i haven, slikker deres sår og planlægger deres næste træk. De ved, at dette blot var et tilbageslag - de får snart en ny chance for at slå til. I **mellemtiden** vil

Tivoli trädgårdar

Tivoliträdgårdarna var en gång en **vacker** plats. Blommorna stod i blom, träden var gröna och solen sken ner på de glada människorna nedanför. Men det var före kriget. Nu är trädgårdarna en skugga av sitt forna jag. Blommorna är vissna, träden är döda och det finns inga tecken på **liv** någonstans. Men även i denna mörka tid finns det fortfarande hopp. En liten grupp motståndsmän har använt trädgårdarna som en bas för **att** slå tillbaka mot ockupationsstyrkorna. De planerar och genomför djärva räder mot fiendens mål, och **försvinner** alltid i skuggorna **efteråt**. En natt får de veta att en högt uppsatt tjänsteman kommer att besöka trädgården för en inspektion.

Det här är deras chans att ta honom som gisslan och få en verklig inverkan på krigsinsatsen! De lägger noggrant upp sina planer och väntar på att han ska anlända. Tjänstemannen anländer precis i tid, flankerad av ett **dussin** tungt beväpnade livvakter. Motståndskämparna kommer i aktion och attackerar med allt de har. Men **livvakterna** är för starka och tjänstemannen flyr. Kämparna omgrupperar sig i trädgården, slickar sina sår och planerar sitt nästa drag. De vet att detta bara var ett bakslag - de kommer att få en ny chans att slå till snart nog. **Under tiden** fortsätter

de fortsætte med at kæmpe fra **skyggerne** og vente på deres øjeblik til at skinne igen.

Modstandskæmperne er ved at blive desperate. De har **slået til** mod fjenden i månedsvis nu, men de synes altid at være et skridt bagud. De har brug for en stor sejr, noget, der virkelig vil øge moralen og give dem overtaget i denne krig. Så får de besked om, at embedsmanden er på **vej** tilbage til haverne. Denne gang har de ikke tænkt sig at lade ham slippe væk! De lægger et bagholdsangreb og venter på, at han ankommer. Embedsmanden ankommer, men denne gang er han forberedt. Han har et dusin livvagter med sig, samt en kampvogn! Modstandskæmperne kæmper en brav kamp, men de **kan** ikke klare fjendens overlegne ildkraft. De er **tvunget til at** trække sig tilbage ind i haven, og deres håb om at pågribe embedsmanden svinder endnu en gang. Men selv i nederlaget nægter de at opgive håbet.

De ved, at der stadig er en chance for at vinde denne krig - det eneste, de behøver, er endnu et heldigt gennembrud. Modstandskæmperne får deres heldige chance. De får at vide, at embedsmanden kommer til haven igen, men denne gang **rejser** han alene. Dette er deres chance for endelig at fange ham! De lægger et bagholdsangreb og venter på, at han ankommer. Da han gør det, går de i **aktion** og formår at tage ham som **gidsel**.

de att kämpa från **skuggorna** och väntar på att deras ögonblick ska komma igen.

Motståndskämparna börjar bli desperata. De har **slagit till** mot fienden i flera månader nu, men de verkar alltid ligga ett steg efter. De behöver en stor seger, något som verkligen kan höja moralen och ge dem övertaget i detta krig. Sedan får de veta att tjänstemannen **kommer** tillbaka till trädgårdarna. Den här gången tänker de inte låta honom komma undan! De sätter upp ett bakhåll och väntar på att han ska anlända. Tjänstemannen anländer, men den här gången är han förberedd. Han har ett dussin livvakter med sig, liksom en stridsvagn! Motståndskämparna gör en modig kamp, men de **kan** inte **mäta** sig med fiendestyrkornas överlägsna eldkraft. De **tvingas** dra sig tillbaka in i trädgårdarna, deras hopp om att gripa tjänstemannen försvinner ännu en gång. Men även i nederlaget vägrar de att ge upp hoppet.

De vet att det fortfarande finns en chans att vinna kriget - allt de behöver är en enda lycklig chans till. Motståndskämparna får sin tur. De får veta att tjänstemannen kommer till trädgårdarna igen, men den här gången **reser** han ensam. Detta är deras chans att äntligen fånga honom! De sätter upp ett bakhåll och väntar på att han ska anlända. När han gör det kommer de i **aktion** och lyckas ta honom som **gisslan**.

Forståelse spørgsmål

1. Hvordan var Tivolihaven før krigen?

2. Hvad laver modstandskæmperne i haverne?

3. Hvad sker der, når den højtstående embedsmand besøger haverne for at inspicere dem?

4. Hvorfor har modstandskæmperne brug for en stor sejr?

5. Hvad gør tjenestemanden, da han bliver overfaldet anden gang?

6. Hvordan føler modstandskæmperne sig efter deres mislykkede bagholdsangreb?

7. Hvad er modstandskæmpernes heldige udfald?

8. Hvad gør modstandskæmperne, da de endelig fanger embedsmanden?

9. Hvilken betydning har embedsmanden for modstandskæmperne?

10. Hvad er den overordnede stemning i teksten?

Frågor om förståelse

1. Hur såg Tivoli ut före kriget?

2. Vad gör motståndsmännen i trädgårdarna?

3. Vad händer när en högt uppsatt tjänsteman besöker trädgården för en inspektion?

4. Varför behöver motståndskämparna en stor seger?

5. Vad gör tjänstemannen när han hamnar i ett bakhåll för andra gången?

6. Hur känner sig motståndsmännen efter det misslyckade bakhållet?

7. Vad är motståndskämparnas tur?

8. Vad gör motståndsmännen när de äntligen tar tjänstemannen till fånga?

9. Vilken betydelse har tjänstemannen för motståndskämparna?

10. Vilken är den övergripande stämningen i texten?

Rejse til Rundetårn

Jeg vågnede tidligt i morges og var ivrig efter at starte min rejse. Jeg havde planlagt den i ugevis, og alt var endelig på plads. Jeg pakkede min taske med noget tøj og et par snacks og tog derefter af sted mod Rundetårn, det tårn, der **står** i centrum af **København**. Min plan var at **klatre** op på toppen og nyde udsigten over byen nedenunder. Da jeg gik gennem gaderne, kunne jeg ikke undgå at lægge mærke til alle de mennesker, der skyndte sig rundt i deres hverdag. Det fik mig til at føle mig en smule misundelig; de syntes alle at vide, hvor de skulle hen, og hvad de lavede, mens jeg følte mig som en fortabt **turist** i min egen by. Men snart nok **ankom** jeg til Rundetrn og begyndte at gå op ad de snoede trapper. Det tog mig et stykke tid at nå toppen, men da jeg nåede den, var udsigten mere end det hele værd; København strakte sig foran mig i al sin pragt, funklende i morgensolen."

Da jeg stod på toppen af Rundetrn, følte jeg, at jeg kunne se **alt**. Byen travlhed under mig, og havnen glitrede i det fjerne. Jeg kunne endda se et par både, der var på vej ud på havet. Det var et smukt syn, som jeg aldrig vil glemme. Men mens jeg stod der og tog det hele i mig, skete der noget mærkeligt; jeg begyndte at føle mig svimmel og svimmel. Det næste, jeg vidste,

Resa till Rundetårn

Jag vaknade tidigt i morse och var ivrig att börja min resa. Jag hade planerat den i flera veckor och allt var äntligen på plats. Jag packade min väska med lite kläder och några snacks och gav mig sedan iväg mot Rundetrn, tornet som **står** i centrala **Köpenhamn**. Min plan var att **klättra** upp till toppen och njuta av utsikten över staden nedanför. När jag gick genom gatorna kunde jag inte låta bli att lägga märke till alla människor som skyndade sig i sitt dagliga liv. Det fick mig att känna mig lite avundsjuk; de verkade alla veta vart de var på väg och vad de gjorde, medan jag kände mig som en vilsen **turist** i min egen stad. Men snart nog **kom** jag **fram till** Rundetrn och började klättra uppför de slingrande trapporna. Det tog ett tag innan jag nådde toppen, men när jag gjorde det var utsikten mer än värd det; Köpenhamn sträckte sig framför mig i all sin prakt, glittrande i morgonsolen."

När jag stod på toppen av Rundetrn kändes det som om jag kunde se **allt**. Staden var livlig under mig och hamnen glittrade i fjärran. Jag såg till och med några båtar som var på väg ut till havet. Det var en vacker syn som jag aldrig kommer att glömma. Men medan jag stod där och tog in allting hände något märkligt; jag började känna mig yr och svimfärdig. Det nästa var, at jeg faldt. På en eller anden måde lykkedes det mig at overleve mit fald fra Rundetrn. Da jeg ramte jorden, forventede jeg at være død eller i det mindste alvorligt kvæstet, men i stedet havde jeg kun nogle få blå mærker og ridser. “Det er et mirakel!” sagde folk, mens de flokkedes om mig. “Du må være blevet reddet af en engel!” Jeg blev **rystet** af mit fald, men var ellers **uskadt**. Da jeg kom på benene, kunne jeg ikke lade være med at føle, at noget havde ændret sig. Det var som om jeg havde fået en ny **chance** i livet, og jeg vidste, at jeg måtte få det bedste ud af den.

Fra da af besluttede jeg mig for at leve hver dag fuldt ud og sætte pris på alle de små ting i livet. Og hver gang jeg kigger ud over **København** fra Rundetårn, bliver jeg mindet om, hvor **heldig** jeg er. “ Der er gået et par år siden mit fald fra Rundetrn, og livet har **behandlet** mig godt. Jeg **bor** stadig i København, og jeg har endda **stiftet** min egen familie. Min kone og jeg tager ofte vores børn med til Rundetrn for at vise dem udsigten over byen. Og hver gang vi gør det, kan jeg ikke lade være med at tænke tilbage på den skæbnesvangre dag, hvor jeg faldt ... men også på hvor taknemmelig jeg er for at være i live. “

jag visste var att jag föll. På något sätt lyckades jag överleva mitt fall från Rundetrn. När jag slog i marken förväntade jag mig att vara död eller åtminstone allvarligt skadad, men istället hade jag bara några blåmärken och skrapsår. "Det är ett mirakel!" sa folk när de trängdes runt mig. "Du måste ha blivit räddad av en ängel!" Jag var **skakad** av mitt fall men i övrigt **oskadd**. När jag kom upp på fötterna kunde jag inte låta bli att känna att något hade förändrats. Det var som om jag hade fått en andra **chans** i livet, och jag visste att jag var tvungen att göra det bästa av den.

Från och med då bestämde jag mig för att leva varje dag fullt ut och uppskatta alla små saker i livet. Och varje gång jag ser ut över **Köpenhamn** från Rundetrn blir jag påmind om hur **lyckligt lottad** jag är. " Det har gått några år sedan mitt fall från Rundetrn, och livet har **behandlat** mig väl. Jag **bor** fortfarande i Köpenhamn och har till och med **bildat en** egen familj. Min fru och jag tar ofta med våra barn till Rundetrn för att visa dem utsikten över staden. Och varje gång vi gör det kan jag inte låta bli att tänka tillbaka på den ödesdigra dagen då jag föll... men också hur tacksam jag är för att jag lever. "

Forståelse spørgsmål

1. Hvad gør hovedpersonen, da han ankommer til Rundetrn?

2. Hvordan har hovedpersonen det med de mennesker, han ser i København?

3. Hvad ser hovedpersonen fra toppen af Rundetrn?

4. Hvad sker der med hovedpersonen, mens han er på toppen af Rundetrn?

5. Hvordan har hovedpersonen det, efter at han er faldet ned fra Rundetrn?

6. Hvad siger folk til hovedpersonen, efter at han er faldet?

7. Hvordan ændrer hovedpersonens fald hans syn på livet?

8. Hvad gør hovedpersonen anderledes efter sit fald?

9. Hvordan har hovedpersonen det, når han tager sin familie med til Rundetrn?

10. Hvad tænker hovedpersonen på, når han ser på Rundetrn med sin familie?

Frågor om förståelse

1. Vad gör huvudpersonen när han kommer till Rundetrn?

2. Vad känner huvudpersonen för de människor han ser i Köpenhamn?

3. Vad ser huvudpersonen från toppen av Rundetrn?

4. Vad händer med huvudpersonen när han befinner sig på toppen av Rundetrn?

5. Hur känner sig huvudpersonen efter att ha fallit från Rundetrn?

6. Vad säger folk till huvudpersonen efter att han har fallit?

7. Hur förändrar huvudpersonens fall hans syn på livet?

8. Vad gör huvudpersonen annorlunda efter sitt fall?

9. Hur känner sig huvudpersonen när han tar med sig sin familj till Rundetrn?

10. Vad tänker huvudpersonen på när han tittar på Rundetrn med sin familj?

Skøjteløb på frosne kanaler

Gravene i Amsterdam er et smukt syn om vinteren. De er endnu **smukkere,** når du skøjter på dem. Jeg var heldig nok til at opleve dette på første hånd for nylig. Jeg havde altid gerne villet skøjte på kanalerne, men havde aldrig haft chancen. Så da jeg så, at de var frosset til, vidste jeg, at jeg måtte udnytte det. Jeg **lejede** nogle skøjter og begav mig ud på isen. Det var en **fantastisk** følelse at glide hen over kanalens glatte overflade. Den kolde luft var forfriskende og opkvikkende. Og landskabet var simpelthen betagende. Indimellem stoppede jeg op for at beundre udsigten eller tage et billede. Til sidst nåede jeg tilbage til bredden og afleverede mine skøjter tilbage. Det var en **uforglemmelig** oplevelse, som jeg helt sikkert snart vil gentage igen!

Jeg vågnede tidligt næste morgen og var ivrig efter at komme ud på kanalen igen. Jeg havde drømt om at stå på skøjter hele natten lang. Jeg tog hurtigt **tøj på** og gik ned til udlejningsbutikken. Men da jeg ankom, var der et skilt på døren, hvor der stod "lukket". **Skuffet** vendte jeg mig om for at gå, men så hørte jeg **nogen** kalde mit navn. Det var ejeren af butikken. Han fortalte mig, at

Skridskoåkning på frusna kanaler

Kanalerna i Amsterdam är en vacker syn på vintern. De är ännu **vackrare** när du åker skridskor på dem. Jag hade turen att få uppleva detta på nära håll nyligen. Jag hade alltid velat åka skridskor på kanalerna, men aldrig fått chansen. Så när jag såg att de var frusna visste jag att jag var tvungen att utnyttja det. Jag **hyrde** några skridskor och gav mig ut på isen. Det var en **fantastisk** känsla att glida över kanalens släta yta. Den kalla luften var uppfriskande och stärkande. Och landskapet var helt enkelt hisnande. Då och då stannade jag för att beundra utsikten eller ta ett foto. Så småningom tog jag mig tillbaka till stranden och lämnade tillbaka mina skridskor. Det var en **oförglömlig** upplevelse som jag definitivt kommer att upprepa snart igen!

Jag vaknade tidigt nästa morgon och var ivrig att komma ut på kanalen igen. Jag hade drömt om att åka skridskor hela natten. Jag **klädde** snabbt **på mig** och gick ner till uthyrningsbutiken. Men när jag kom fram fanns det en skylt på dörren där det stod “stängt”. **Besviken** vände jag mig om för att gå, men då hörde jag **någon** ropa mitt namn. Det var ägaren till butiken. Han sa att han skulle öppna tidigt bara för min skull.

han ville åbne tidligt kun for mig. Han vidste, hvor meget jeg ønskede at skate igen, og han ville ikke have, at jeg skulle gå glip af min chance. Så vi tog vores **skøjter** på og gik på isen endnu en gang! Mens jeg skøjter langs kanalen, kan jeg ikke lade være med at føle mig **taknemmelig** for denne mulighed. Det er ikke ofte, at man får mulighed for at skøjte på en frossen kanal. Og det er endnu sjældnere, at man får mulighed for at gøre det to gange på en uge! Jeg er **fast besluttet på** at få det bedste ud af det, mens jeg kan.

Hver dag bruger jeg et par timer på at stå på skøjter. Og hver gang udforsker jeg en anden del af kanalen. Der er så mange smukke seværdigheder at se, og der er så meget historie at lære om. At skøjte på Amsterdams **kanaler er** hurtigt blevet en af mine yndlingsaktiviteter! En morgen vågnede jeg op og opdagede, at kanalerne var tøet op i løbet af natten. Al isen var væk, og **vandet** flød igen. Jeg vidste, at min tid med at skøjte på skøjter på kanalerne var forbi. Men jeg var allerede i gang med at planlægge min næste tur! Der er trods alt ikke noget bedre end at skøjte på skøjter på en frossen kanal i Amsterdam! Nu er jeg **hjemme** igen, men jeg kan ikke holde op med at tænke på min tid i Amsterdam. at skøjte på de frosne kanaler var en utrolig oplevelse, som jeg aldrig vil **glemme**. Jeg tæller allerede dagene ned til næste vinter!

Han visste hur mycket jag ville åka skridskor igen och ville inte att jag skulle missa min chans. Så vi tog på oss **skridskorna** och begav oss ut på isen igen! När jag åker skridskor längs kanalen kan jag inte låta bli att känna mig **tacksam** för den här möjligheten. Det är inte ofta man får åka skridskor på en frusen kanal. Och det är ännu mer sällan man får göra det två gånger på en vecka! Jag är **fast besluten** att göra det bästa av det medan jag kan.

Varje dag spenderar jag några timmar med att åka skridskor. Och varje gång utforskar jag en annan del av kanalen. Det finns så många vackra platser att se och så mycket historia att lära sig om. Att åka skridskor på Amsterdams **kanaler** har snabbt blivit en av mina favoritsaker att göra! En morgon vaknade jag och upptäckte att kanalerna hade tinat upp under natten. All is var borta och **vattnet** flöt igen. Jag visste att min tid med att åka skridskor på kanalerna hade kommit till ett slut. Men jag planerade redan min nästa resa! När allt kommer omkring finns det inget bättre än att åka skridskor på en frusen kanal i Amsterdam! Nu är jag **hemma** igen, men jag kan inte sluta tänka på min tid i Amsterdam. att åka skridskor på de frusna kanalerna var en otrolig upplevelse som jag aldrig kommer att **glömma**. Jag räknar redan ner dagarna till nästa vinter!

Forståelse spørgsmål

1. Hvad er forfatterens yndlingsbeskæftigelse i Amsterdam?

2. Hvad gør forfatteren, da han først ankommer til udlejningsforretningen?

3. Hvordan har forfatteren det med at skøjte på kanalerne?

4. Hvorfor er det noget særligt at skøjte på kanalerne om natten?

5. Hvad laver forfatteren på sin sidste dag i Amsterdam?

6. Hvordan har forfatteren det, da han vågner næste morgen?

7. Hvad står der på skiltet på døren til udlejningsbutikken?

8. Hvem kalder forfatterens navn, da han forlader butikken?

9. Hvor ofte skøjter forfatteren på skøjter på kanalen?

10. Hvad er forfatterens plan for, når han forlader Amsterdam?

Frågor om förståelse

1. Vad är författarens favoritsak att göra i Amsterdam?

2. Vad gör författaren när han först kommer till uthyrningsbutiken?

3. Vad tycker författaren om att åka skridskor på kanalerna?

4. Varför är det speciellt att åka skridskor på kanalerna på natten?

5. Vad gör författaren på sin sista dag i Amsterdam?

6. Hur känner sig författaren när han vaknar nästa morgon?

7. Vad står det på skylten på dörren till uthyrningsbutiken?

8. Vem ropar författarens namn när han lämnar butiken?

9. Hur ofta åker författaren skridskor på kanalen?

10. Vad planerar författaren när han lämnar Amsterdam?

Jul i Aalborg

Det var juleaften i Aalborg, og byen var fyldt med spænding. **Gaderne** var fyldt med mennesker, der alle var ivrige efter at få et glimt af julemanden, som var på vej gennem byen. Børn grinede og legede omkring juletræet på torvet, mens deres forældre så på fra nærliggende caféer og restauranter. Pludselig opstod der **tumult for** enden af gaden. Folk begyndte at pege og råbe begejstret. Julemanden er ankommet! Han vinkede til **alle,** mens han bevægede sig ned ad gaden og af og til **stoppede op** for at snakke med børnene eller for at dele gaver ud. Da han nåede frem til torvet, standsede han foran juletræet og lagde en stor sæk under det.

Så vendte han sig **uden at** sige et ord om og begyndte at gå tilbage op ad gaden i retning af det sted, hvor han var kommet fra. Publikum brød ud i jubel og klapsalver, da de så ham forsvinde i det fjerne. Det havde været en **uforglemmelig** juleaften i Aalborg! Næste **morgen var der** travlhed på torvet, hvor folk skyndte sig at se, hvad julemanden havde efterladt i sin sæk. Der var gaver til alle Aalborgs børn i sækken! Der var legetøj, tøj, slik og meget mere. **Forældrene** blev heller ikke glemt, for der var også gaver til dem. Det var en jul, som alle ville huske i mange år fremover! Som årene gik, fortsatte julemanden med at besøge Aalborg juleaften.

Jul i Ålborg

Det var julafton i Ålborg och staden levde av spänning. **Gatorna** var kantade av människor som alla ville få en glimt av jultomten när han tog sig fram genom staden. Barnen skrattade och lekte runt julgranen på torget, medan deras föräldrar tittade på från närliggande kaféer och restauranger. Plötsligt blev det ett **tumult i** slutet av gatan. Folk började peka och skrika upphetsat. Jultomten har anlänt! Han vinkade till **alla** när han tog sig fram längs gatan och **stannade** då och då för att prata med barnen eller dela ut julklappar. När han nådde torget stannade han framför julgranen och lade en stor säck under den.

Sedan vände han sig om **utan att** säga ett ord och började gå tillbaka uppför gatan i riktning mot det ställe han hade kommit ifrån. Publiken utbröt i jubel och applåder när de såg honom försvinna i fjärran. Det hade varit en **oförglömlig** julafton i Ålborg! Nästa **morgon** var torget full av aktivitet när folk rusade för att se vad tomten hade lämnat i sin säck. Där fanns presenter till alla barn i Ålborg! Det fanns leksaker, kläder, godis och mycket mer. **Föräldrarna** glömdes inte heller bort, eftersom det fanns presenter till dem också. Det var en jul som alla skulle minnas i många år framöver! Med åren fortsatte tomten att besöka Ålborg på julafton. Traditionen att lämna presenter på **torget** för alla att

Traditionen med at efterlade gaver på **torvet, som** alle kan glæde sig over, er blevet kendt i hele Danmark. Folk kom fra nær og fjern for at se julemanden i Aalborg juleaftensdag. Og det var takket være en enkelt mands **gavmildhed** og kærlighed til at give, at denne smukke tradition startede!

Hver juleaften er torvet i Aalborg fyldt med mennesker fra hele verden hver eneste **juleaften.** De kommer for at se julemanden og for at opleve den glæde og lykke, som han bringer til alle, han møder. Det er virkelig et magisk sted, og det hele startede med en mands **venlige** handling for så mange år siden. Et år **besluttede** julemanden **sig for** at gå på pension. Han vidste, at det var på tide, at en anden overtog hans rolle og bragte lykke til Aalborgs befolkning juleaften. Så han håndplukkede en **efterfølger** og uddannede ham i alt, hvad han skulle vide om at være julemand. Juleaftensdag det år gik den nye julemand gennem byen og stoppede op for at snakke med børn og dele gaver ud, ligesom hans **forgænger** havde gjort. Da han nåede frem til torvet, lagde han en stor sæk under træet, inden han vendte om og gik tilbage op ad gaden. Publikum brød endnu en gang ud i jubel og **klapsalver og bød** deres nye julemand **velkommen!** Og siden da har en ny julemand hvert år overtaget rollen som den, der bringer glæde til alle i Aalborg juleaften. Det er virkelig et særligt sted på denne tid af året!

njuta av har blivit välkänd i hela Danmark. Folk kom från när och fjärran för att se jultomten i Aalborg på julafton. Och det var tack vare en mans **generositet** och kärlek till att ge som denna vackra tradition startade!

Varje **julafton** fylls torget i Aalborg av människor från hela världen. De kommer för att se jultomten och för att uppleva den glädje och lycka som han ger alla som han möter. Det är verkligen en magisk plats, och allt började med en mans **vänliga** handling för så många år sedan. Ett år **bestämde sig** jultomten **för** att gå i pension. Han visste att det var dags för någon annan att ta över hans roll och bringa lycka till folket i Aalborg på julafton. Så han handplockade en **efterträdare** och utbildade honom i allt han behövde veta om att vara jultomte. På julafton det året tog sig den nya tomten fram genom staden och stannade till för att prata med barnen och dela ut presenter precis som sin **föregångare** hade gjort. När han nådde torget placerade han en stor säck under granen innan han vände sig om och gick tillbaka uppför gatan. Publiken utbröt återigen i jubel och **appläder och välkomnade** sin nya jultomte! Och så har varje år sedan dess en ny tomte tagit över rollen att bringa glädje till alla i Aalborg på julafton. Det är verkligen en speciell plats under den här tiden på året!

Forståelse spørgsmål

1. Hvad er traditionen i Aalborg juleaften?

2. Hvordan startede denne tradition?

3. Hvem er den nye julemand hvert år?

4. Hvad gør julemanden, når han når frem til pladsen?

5. Hvad er der i den store sæk, som julemanden lægger under juletræet?

6. Hvad kommer folk fra hele verden til Aalborg for at se juleaften?

7. Hvorfor besluttede julemanden sig for at gå på pension?

8. Hvem har håndplukket julemandens efterfølger?

9. Hvad laver den nye julemand juleaften?

10. Hvorfor er Aalborg et særligt sted på denne tid af året?

Frågor om förståelse

1. Vad är traditionen i Aalborg på julafton?

2. Hur började denna tradition?

3. Vem är den nya jultomten varje år?

4. Vad gör jultomten när han når torget?

5. Vad finns i den stora säcken som jultomten lägger under granen?

6. Vad kommer människor från hela världen till Ålborg för att se på julafton?

7. Varför bestämde sig jultomten för att gå i pension?

8. Vem handplockade tomtens efterträdare?

9. Vad gör den nya tomten på julafton?

10. Varför är Ålborg en speciell plats den här tiden på året?

Udforskning af Jelling Mounds

Jellinghøjene er et **fascinerende** historisk sted i Danmark. De stammer helt tilbage fra vikingetiden og blev brugt som gravhøje for vigtige personer fra den tid. Jeg har altid været interesseret i historie, så da jeg hørte om muligheden for at udforske disse **gravhøje, greb** jeg chancen med kyshånd. Jeg blev ikke **skuffet**. Det første, der slog mig, var størrelsen på dem - de er enorme! Og der er to af dem, side om side. Det er let at forestille sig, hvor **imponerende** de ville have set ud for nogen, der levede i vikingetiden. Da vi udforskede videre, fandt vi mange interessante **artefakter** inde i højene. Det omfattede smykker, våben og endda nogle menneskelige rester. Det var utroligt at tænke på, hvem disse **mennesker** var, og hvordan deres liv ville have været for alle disse år siden. Vi lærte også om endnu en **interessant** kendsgerning om Jellinghøjene - de siges at være hjemsøgte!

Tilsyneladende er der i årenes løb blevet set **spøgelsesfigurer** omkring dem. Uanset om det er sandt eller ej, giver det i hvert fald disse i forvejen fascinerende historiske monumenter et ekstra element af intriger. Da vi **gik** rundt om Jelling Mounds, kunne

Utforskning av Jelling Mounds

Jellinghögarna är en **fascinerande** historisk plats i Danmark. De går tillbaka till vikingatiden och användes som gravhögar för viktiga personer från den tiden. Jag har alltid varit intresserad av historia, så när jag hörde talas om möjligheten att utforska dessa **högar tog** jag chansen. Jag blev inte **besviken**. Det första som slog mig var storleken på dem - de är enorma! Och det finns två av dem, sida vid sida. Det är lätt att föreställa sig hur **imponerande** de skulle ha sett ut för någon som levde under vikingatiden. När vi utforskade vidare hittade vi många intressanta **artefakter** inuti högarna. Det var bland annat smycken, vapen och till och med några mänskliga kvarlevor. Det var otroligt att tänka på vilka dessa **människor** var och hur deras liv skulle ha sett ut för alla dessa år sedan. Vi fick också veta en annan **intressant** sak om Jellinghögarna - de sägs vara hemsökta!

Tydligen har spöklika **figurer** setts runt omkring dem under åren. Oavsett om detta är sant eller inte, ger det i alla fall en extra känsla av intrig till dessa redan fascinerande historiska monument. När vi **gick** runt Jelling Mounds kunde jag inte låta bli att känna en känsla av vördnad. Dessa enorma gravhögar är en

jeg ikke lade være med at føle en følelse af ærefrygt. Disse enorme gravhøje er en påmindelse om, hvor anderledes livet var for folk i vikingetiden. Det er svært at forestille sig, hvordan det må have været at leve i en sådan tid, hvor døden var så almindelig. Tanken om alle de **mennesker, der** var blevet begravet her - nogle med stor ære og andre i skam - gjorde mig ret trist. Men der er også noget meget fredfyldt ved dette sted. **Måske** er det fordi det føles så langt væk fra det moderne livs travlhed. Eller måske er det fordi, at disse høje har stået her i **århundreder og har været** vidne til menneskehedens **komme** og gåture gennem historien. Uanset hvad, er jeg glad for, at jeg fik chancen for at udforske dem. Jeg gik rundt ved Jelling Mounds og tog imod seværdighederne og lydene fra dette **fascinerende** historiske sted, da jeg pludselig fik en fornemmelse af, at jeg blev overvåget. Jeg vendte mig om, men der var ingen. Det må have været min fantasi.

Men så hørte jeg en lyd - en mærkelig, højlydt klagelyd. Det så ud til at komme inde fra en af højene. Mit hjerte begyndte at banke, da det **gik op for** mig, at jeg måske ikke var alene her alligevel. Da den uhyggelige klagelyde gav genlyd omkring mig, mærkede jeg en kold kulde løbe ned ad ryggen på mig. Der var **helt sikkert** noget mærkeligt, der foregik her. Og så så jeg det - en skikkelse, der kom frem fra en af højene! Først troede jeg, at det måske var en af de arkæologer, der arbejdede på stedet.

påminnelse om hur annorlunda livet var för människor under vikingatiden. Det är svårt att föreställa sig hur det måste ha varit att leva i en sådan tid när döden var så vanlig. Tanken på alla de **människor som** hade begravts här - vissa med stor ära och andra i skam - gjorde mig ganska ledsen. Men det finns också något mycket fridfullt med denna plats. **Kanske** beror det på att den känns så avlägsen från det moderna livets brus och rörelse. Eller kanske beror det på att dessa högar har stått här i **århundraden och** bevittnat mänsklighetens **ankomst** och avgång genom historien. Hur som helst är jag glad att jag fick chansen att utforska dem. Jag gick runt i Jellinghögarna och tog in sevärdheterna och ljuden från denna **fascinerande** historiska plats, när jag plötsligt fick en känsla av att jag blev iakttagen. Jag vände mig om, men det fanns ingen där. Det måste ha varit min fantasi.

Men sedan hörde jag ett ljud - ett konstigt, högt klagoljud. Det verkade komma inifrån en av högarna. Mitt hjärta började rusa när jag **insåg att** jag kanske inte var ensam här trots allt. När det kusliga klagoljudet ekade runt omkring mig kände jag en kall rysning löpa längs min ryggrad. Det var **definitivt** något märkligt som pågick här. Och sedan såg jag den - en gestalt som kom fram ur en av högarna! Först trodde jag att det kunde vara en av de arkeologer som arbetade på platsen.

Forståelse spørgsmål

1. Hvad er Jellinghøjene?

2. Hvornår blev Jellinghøjene brugt?

3. Hvad fandt forfatteren i Jellinghøjene?

4. Hvad er en interessant kendsgerning om Jellinghøjene?

5. Hvordan følte forfatteren sig, da han gik rundt om Jelling Mounds?

6. Hvilken støj hørte forfatteren, mens han var ved Jelling Mounds?

7. Hvordan så den figur ud, der kom ud af højen?

8. Var figuren et spøgelse?

9. Hvad gjorde spøgelset?

10. Hvad var forfatterens reaktion på spøgelset?

Frågor om förståelse

1. Vad är Jellinghögarna?

2. När användes Jellinghögarna?

3. Vad hittade författaren i Jellinghögarna?

4. Vad är ett intressant faktum om Jellinghögarna?

5. Vad kände författaren när han gick runt Jellinghögarna?

6. Vilket ljud hörde författaren när han var vid Jelling Mounds?

7. Hur såg figuren ut som kom ut ur högen?

8. Var figuren ett spöke?

9. Vad gjorde spöket?

10. Hur reagerade författaren på spöket?

Danmarks vikingehistorie

Det første, du skal vide om Danmarks vikingehistorie, er, at danskerne var nogle af de mest frygtede **krigere** i deres tid. De var kendt for deres **brutalitet** og vildskab i kamp, og de plyndrede ofte andre lande for at plyndre deres ressourcer. Vikingerne var dog også dygtige landmænd, handlende og håndværkere, og de brugte deres færdigheder til at opbygge et velstående samfund. Et af de mest berømte aspekter af vikingekulturen er deres skibsbygningsteknologi. Vikingerne var i stand til at skabe utroligt robuste skibe, der kunne sejle over lange afstande og **modstå** barske forhold. Det gjorde det muligt for dem at rejse over hele Europa og endda nå frem til **Nordamerika**. Faktisk var en af de mest berømte vikingeforskere Leif Erikson, som sejlede fra Grønland hele vejen til Newfoundland i Canada!

En anden vigtig del af vikingernes kultur var deres religion. Vikingerne troede på mange guder og gudinder, bl.a. Odin (krigsguden), Thor (tordenguden), Freyja (kærlighedsgudinden) og Freyr (frugtbarhedsguden). De **tilbad** disse guder ved at bygge templer kaldet “hofs”, hvor de ofrede dyr eller

Danmarks vikingahistoria

Det första du behöver veta om Danmarks vikingahistoria är att danskarna var några av de mest fruktade **krigarna** på sin tid. De var kända för sin **brutalitet** och grymhet i strid, och de plundrade ofta andra länder för att plundra deras resurser. Men vikingarna var också skickliga jordbrukare, handelsmän och hantverkare, och de använde sina färdigheter för att bygga upp ett välmående samhälle. En av de mest kända aspekterna av vikingakulturen är deras skeppsbyggnadsteknik. Vikingarna kunde skapa otroligt robusta skepp som kunde segla långa sträckor och **stå emot** svåra förhållanden. Detta gjorde att de kunde resa över hela Europa och till och med nå **Nordamerika**. Faktum är att en av de mest kända vikingaföretagarna var Leif Erikson, som seglade från Grönland hela vägen till Newfoundland i Kanada!

En annan viktig del av vikingarnas kultur var deras religion. Vikingarna trodde på många gudar och gudinnor, bland annat Oden (krigsguden), Tor (åskguden), Freyja (kärleksgudinnan) och Freyr (fruktbarhetsguden). De **dyrkade** dessa gudar genom att bygga tempel som kallades “hofs” där de offrade

endda mennesker. Vikingernes samfund var **opdelt** i tre klasser: adelige, frie mænd og slaver. Adelsmænd var rige godsejere, som havde magt over både frie mænd og slaver. Frimænd var fattige bønder eller håndværkere, der ejede lidt jord, men havde mere frihed end slaverne. Slaver var tilfangetagne fjender eller forbrydere, som ikke havde **nogen som helst** rettigheder; de kunne til enhver tid købes eller sælges af enhver med penge nok. Det første, du skal vide om Danmarks vikingehistorie, er, at danskerne var nogle af de mest frygtede krigere i deres tid. De var kendt for deres **brutalitet** og vildskab i kamp, og de plyndrede ofte andre **lande for at** plyndre deres ressourcer. Vikingerne var dog også dygtige landmænd, handlende og håndværkere, og de brugte deres færdigheder til at opbygge et **velstående** samfund.

Et af de mest berømte **aspekter** af vikingekulturen er deres skibsbygningsteknologi. Vikingerne var i stand til at skabe utroligt robuste skibe, der kunne sejle over lange afstande og **modstå** barske forhold. Dette gjorde det muligt for dem at rejse over hele Europa og endda nå til Nordamerika. Faktisk var en af de mest berømte vikingeforskere Leif Erikson, som sejlede fra Grønland hele vejen til Newfoundland i Canada! En anden vigtig del af vikingekulturen var deres religion. **Vikingerne** troede på mange guder og **gudinder**.

djur eller till och med människor. Vikingasamhället var **indelat** i tre klasser: adelsmän, fria män och slavar. Adelsmännen var rika markägare som hade makt över både fria män och slavar. Fria män var fattiga bönder eller hantverkare som ägde lite mark men hade större frihet än slavarna. Slavar var tillfångatagna fiender eller brottslingar som inte hade några **som helst** rättigheter; de kunde köpas eller säljas när som helst av vem som helst som hade tillräckligt med pengar. Det första du behöver veta om Danmarks vikingahistoria är att danskarna var några av de mest fruktade krigarna på sin tid. De var kända för sin **brutalitet** och grymhet i strid, och de plundrade ofta andra **länder för att** plundra deras resurser. Men vikingarna var också skickliga jordbrukare, handelsmän och hantverkare, och de använde sina färdigheter för att bygga upp ett **välmående** samhälle.

En av de mest kända **aspekterna** av vikingakulturen är deras skeppsbyggnadsteknik. Vikingarna kunde skapa otroligt robusta skepp som kunde segla långa sträckor och **stå emot** svåra förhållanden. Detta gjorde att de kunde resa över hela Europa och till och med nå Nordamerika. Faktum är att en av de mest kända vikingaföretagarna var Leif Erikson, som seglade från Grönland hela vägen till Newfoundland i Kanada! En annan viktig del av vikingakulturen var deras religion. **Vikingarna** trodde på många gudar och **gudinnor**.

Forståelse spørgsmål

1. Hvad var danskerne kendt for i vikingetiden?

2. Hvordan byggede vikingerne deres skibe?

3. Hvorfor var vikingerne i stand til at rejse så langt?

4. Hvem var den mest berømte vikingeudforsker?

5. Hvad var vikingernes tro?

6. Hvilke tre klasser fandtes der i vikingesamfundet?

7. Hvad havde adelsmændene magt over?

8. Hvad ejede de frie mænd?

9. Hvad var slavernes skæbne?

10. Hvad ofrede vikingerne som offer?

Frågor om förståelse

1. Vad var danskarna kända för under vikingatiden?

2. Hur byggde vikingarna sina fartyg?

3. Varför kunde vikingarna resa så långt?

4. Vem var den mest kända vikingaföraren?

5. Vilka var vikingarnas trosuppfattningar?

6. Vilka var de tre klasserna i vikingasamhället?

7. Vad hade adeln makt över?

8. Vad ägde de fria männen?

9. Vad var slavarnas öde?

10. Vad offrade vikingarna som offer?

Vandreture gennem Møns Klint

Solen var ved at gå ned, da jeg begyndte min vandring op ad Møns Klint. Jeg havde **planlagt** dette i ugevis, og endelig var dagen kommet. Luften var frisk, og himlen var klar; det var perfekt vandrevejr. Mens jeg gik, tog jeg den **fantastiske** udsigt over klipperne og havet nedenunder i øjesyn. Det føltes godt at være ude i naturen, væk fra hverdagens travlhed og travlhed. Jeg nåede toppen af Møns Klint, lige da solen var ved at forsvinde bag horisonten. Udsigten heroppefra var endnu mere **betagende,** end jeg havde forestillet mig. Jeg kunne se milevidt i alle **retninger,** og det føltes som om jeg var på toppen af verden. Efter at have beundret udsigten i et stykke tid begyndte jeg vandringen nedad igen. **Nedturen** var meget lettere end opturen, og jeg nåede bunden på ingen tid. Jeg var træt, men glad, da jeg gik tilbage til min bil; det havde været en perfekt dag.

Næste dag vågnede jeg tidligt og besluttede mig for at vandre op ad Møns Klint igen. Denne gang ville jeg udforske området lidt mere og se, om der var andre stier, som jeg kunne tage. Efter at have **konsulteret** et kort begav jeg mig ud på en ny sti, der førte mig

Vandring genom Møns Klint

Solen höll på att gå ner när jag började min vandring uppför Møns Klint. Jag hade **planerat** detta i flera veckor och äntligen var dagen inne. Luften var frisk och himlen var klar; det var perfekt vandringsväder. Medan jag gick tog jag in den **fantastiska** utsikten över klipporna och havet nedanför. Det kändes skönt att vara ute i naturen, bort från vardagens stress och hets. Jag nådde toppen av Møns Klint precis när solen höll på att försvinna bakom horisonten. Utsikten härifrån var ännu mer **hisnande** än vad jag hade föreställt mig. Jag kunde se miltals åt alla **håll** och det kändes som om jag befann mig på toppen av världen. Efter att ha beundrat utsikten en stund började jag vandringen ner igen. **Nedgången** var mycket lättare än klättringen uppåt, och jag nådde botten på nolltid. Jag var trött men lycklig när jag tog mig tillbaka till min bil; det hade varit en perfekt dag.

Nästa dag vaknade jag tidigt och bestämde mig för att vandra upp på Møns Klint igen. Den här gången ville jag utforska området lite mer och se om det fanns några andra stigar som jag kunde ta. Efter att ha **konsulterat** en karta gav jag mig ut på en ny stig som ledde mig gennem noget **skov**. Der var uhyggeligt stille i skoven, og jeg begyndte at føle mig lidt urolig. Pludselig hørte jeg noget raslende i buskadset foran mig. Mit hjerte **slog hurtigere**, og jeg nærmede mig langsomt busken ... og fandt en lille kanin, der hoppede rundt! Jeg var lettet og grinede af mig selv, fordi jeg var så nervøs. Resten af **vandreturen** var **begivenhedsløs,** men der havde været nok spænding for én dag! Jeg var nu på min tredje vandredag, og jeg havde forelsket mig i området. Jeg havde aldrig før følt mig så forbundet med naturen, og jeg var ked af at tænke på, at min tid her var ved **at være** forbi. Jeg besluttede mig for at få mest muligt ud af min sidste dag ved at udforske en ny sti, der førte op i bakkerne.

Det var svært i starten, men jeg nåede hurtigt nok op på toppen. Heroppefra kunne jeg se milevidt i alle retninger; det var virkelig en betagende udsigt. Efter at have nydt landskabet i et stykke tid begyndte jeg at vandre nedad igen. Da jeg gik gennem skoven, fangede **noget** mit blik: en lille sti, der førte ud i det **fjerne**. Jeg var nysgerrig og fulgte den, indtil den endte i en lille **lysning ...** og der foran mig var der et **utroligt** syn: et vandfald! Det var ikke på noget kort, og jeg vidste, at der ikke var mange, der kendte til det. Det føltes, som om jeg havde opdaget noget særligt, noget, der kun tilhørte mig. Næste dag pakkede jeg mine ting og begyndte køreturen hjem.

genom en del **skog**. Skogen var kusligt tyst och jag började känna mig lite orolig. Plötsligt hörde jag något prassla i buskarna framför mig. Mitt hjärta **rusade** och jag närmade mig sakta busken... bara för att hitta en liten kanin som hoppade runt! Lättad skrattade jag åt mig själv för att jag var så nervös. Resten av **vandringen** var **händelselös,** men det hade varit tillräckligt spännande för en dag! Jag var nu inne på min tredje vandringsdag, och jag hade blivit förälskad i området. Jag hade aldrig tidigare känt mig så nära kopplad till naturen, och jag var ledsen över att tänka att min tid här **började ta** slut. Jag bestämde mig för att göra det mesta av min sista dag genom att utforska en ny stig som ledde upp i bergen.

Det var svårt i början, men snart nog nådde jag toppen. Härifrån kunde jag se flera kilometer i alla riktningar; det var verkligen en fantastisk utsikt. Efter att ha njutit av landskapet en stund började jag vandringen neråt igen. När jag tog mig fram genom skogen var det **något som** fångade mitt öga: en liten stig som ledde iväg i **fjärran**. Nyfiken följde jag den tills den slutade i en liten **glänta...** och där framför mig fanns en **otrolig** syn: ett vattenfall! Det fanns inte med på någon karta och jag visste att det inte var många som kände till det. Det kändes som om jag hade upptäckt något speciellt, något som bara tillhörde mig. Nästa dag packade jag mina saker och började köra hem.

Forståelse spørgsmål

1. Hvor tager forfatteren på vandretur?

2. Hvad synes forfatteren om udsigten fra toppen af Møns Klint?

3. Hvad gør forfatteren på den anden dag af vandreturen?

4. Hvad finder forfatteren på den tredje dag af vandreturen?

5. Hvad tænker forfatteren om Møns Klint, da de forlader Møns Klint?

6. Hvor ligger Møns Klint?

7. Hvilken slags dyr skræmmer forfatteren på den anden dag af vandreturen?

8. Hvor mange dage vandrer forfatteren i alt?

9. Hvad tænker forfatteren om naturen, før han besøger Møns Klint?

10. Hvad gør forfatteren på den første dag på vandreturen?

Frågor om förståelse

1. Var vandrar författaren?

2. Vad tycker författaren om utsikten från toppen av Møns Klint?

3. Vad gör författaren på den andra vandringsdagen?

4. Vad hittar författaren på den tredje vandringsdagen?

5. Vad tycker författaren om Møns Klint när de åker?

6. Var ligger Møns Klint?

7. Vilket djur skrämmer författaren på den andra vandringsdagen?

8. Hur många dagar vandrar författaren totalt?

9. Vad tycker författaren om naturen innan han besöker Møns Klint?

10. Vad gör författaren den första vandringsdagen?

Besøg i Nyhavn

Første gang jeg besøgte Nyhavn, var det kærlighed ved første blik. De farverige bygninger, de charmerende brostensbelagte gader, jeg vidste, at jeg måtte komme tilbage. Og det gjorde jeg så, igen og igen. Hvert besøg var som et lille stykke af **himlen**. Men så en dag **ændrede** noget **sig**. Nyhavn var ikke længere det samme som før. Farverne var dæmpede, gaderne var tomme ... Det føltes som en spøgelsesby. Jeg vidste ikke, hvad der var sket, men uanset hvad det var, **savnede** jeg det gamle Nyhavn inderligt. En dag, efter flere års fravær, besluttede jeg mig for at tage tilbage og se, om noget havde ændret sig. Til min **lettelse** (og glæde) var Nyhavn lige så **smuk som** altid! Farverne var endnu en gang klare, og gaderne var fulde af liv - det var som at træde ind i en drøm. “ Jeg er ikke sikker på, hvad der fik mig til at komme tilbage til Nyhavn efter alle disse år.

Måske var det minderne om alle de gode stunder, jeg havde haft der, eller måske savnede jeg bare stedet. **Uanset hvad** årsagen var, er jeg glad for, at jeg gjorde det. At gå ned ad de brostensbelagte gader igen, at se de farverige bygninger ... det var som at komme hjem. Og selv om Nyhavn har ændret sig gennem årene, er det stadig mit yndlingssted i verden. “ Jeg vågnede

Besök i Nyhavn

Första gången jag besökte Nyhavn var det kärlek vid första ögonkastet. De färgglada byggnaderna, de charmiga kullerstensgatorna, jag visste att jag var tvungen att komma tillbaka. Och det gjorde jag, om och om igen. Varje besök var som en liten bit av **himlen**. Men så en dag **förändrades** något. Nyhavn var inte längre densamma som den brukar vara. Färgerna var dämpade, gatorna var tomma ... Det kändes som en spökstad. Jag visste inte vad som hade hänt, men vad det än var så **saknade** jag det gamla Nyhavn innerligt. En dag, efter flera års frånvaro, bestämde jag mig för att åka tillbaka och se om något hade förändrats. Till min **lättnad** (och glädje) var Nyhavn lika **vackert som** alltid! Färgerna var ljusa igen och gatorna var livliga - det var som att kliva in i en dröm. " Jag är inte säker på vad som fick mig att komma tillbaka till Nyhavn efter alla dessa år.

Kanske var det minnet av alla goda stunder som jag hade haft där, eller så saknade jag bara stället. **Oavsett vad** orsaken var, är jag glad att jag gjorde det. Att gå ner på de kullerstensgatorna igen, ta in de färgglada byggnaderna... det var som att komma hem. Och även om Nyhavn har förändrats genom åren är det fortfarande min favoritplats i världen. " Jag vaknade

til lyden af måger der skreg og bølger der **slog** mod kajerne. Solen **tittede** lige over horisonten og kastede et lyserødt og orange skær over himlen. Jeg gabte og strakte mig og følte mig **helt** rolig. Det var dage som disse, der gjorde mig glad for, at jeg havde valgt at bo i Nyhavn. Der var noget ved dette sted, der bare føltes rigtigt. Jeg stod op af sengen og gik over til vinduet og tog udsigten over Nyhavns havn i mig med et smil på læben. Alt så så fredeligt ud. så perfekt. " **Pludselig** hørte jeg råb udefra, **efterfulgt af** et højt brag. Mit hjerte **sprang** et slag **over,** mens jeg løb hen til vinduet og frygtede, hvad jeg kunne se. Men da jeg kiggede ned, så jeg kun en gruppe mennesker, der **grinede** og jublede - de var i gang med en slags leg med en af bådene, der lå i havnen. "

Jeg sukkede lettet op og grinede af mig selv, fordi jeg var så nervøs. Det er bare en af de ting, man vænner sig til at bo her," En dag, mens du **slentrer** ned ad en af Nyhavns brostensbelagte gader og beundrer de farverige bygninger, falder du over en lille dør **gemt** væk mellem to butikker. "Du er **fascineret** af dens skjulte beliggenhed og mangel på skiltning og beslutter dig for at træde ind." Du befinder dig i et veloplyst rum, der ser ud som om det kunne være en del af et smukt hjem. Væggene er foret med **bogreoler** fra gulv til loft, og en **behageligt udseende** lænestol er **placeret** foran et stort vindue med udsigt over havnen.

till ljudet av måsar som skrek och vågor **som slog** mot kajerna. Solen **tittade** precis över horisonten och kastade ett rosa och orange sken över himlen. Jag gäspade och sträckte mig och kände mig **helt** lugn. Det var dagar som dessa som gjorde mig glad att jag hade valt att bo i Nyhavn. Det var något med den här platsen som bara kändes rätt. Jag steg ur sängen och gick över till fönstret och tog in utsikten över Nyhavns hamn med ett leende på läpparna. Allt såg så fridfullt ut, så perfekt. " **Plötsligt** hörde jag rop utanför, **följt av** en hög krasch. Mitt hjärta **hoppade över** ett slag medan jag sprang till fönstret och var rädd för vad jag skulle få se. Men när jag tittade ner såg jag bara en grupp människor som **skrattade** och jublade - de höll på att leka någon sorts lek med en av båtarna som låg förtöjda i hamnen. "

Jag drog en lättnadens suck och skrattade åt mig själv för att jag var så nervös. Det är bara en av de saker man vänjer sig vid att bo här." En dag när du **promenerar på** en av Nyhavns kullerstensgator och beundrar de färgglada byggnaderna, snubblar du över en liten dörr som ligger **gömd** mellan två affärer. "**Intresserad** av dess dolda läge och avsaknad av skyltar bestämmer du dig för att kliva in." Du befinner dig i ett väl upplyst rum som ser ut att kunna vara en del av ett vackert hem. Väggarna är kantade med **bokhyllor** från golv till tak, och en **bekväm** lårstol **står** framför ett stort fönster med utsikt över hamnen.

Forståelse spørgsmål

1. Hvad siger forfatteren om Nyhavn første gang de besøgte den?

2. Hvordan har forfatteren det med Nyhavn, da de efter nogen tid besøger dem igen?

3. Hvorfor mener forfatteren, at Nyhavn har ændret sig?

4. Hvordan har forfatteren det, da han ser, at Nyhavn er den samme som før?

5. Hvad siger forfatteren om at bo i Nyhavn?

6. Hvad gør forfatteren, da de hører råb og et brag udenfor?

7. Hvad siger forfatteren om den lille dør, som de finder?

8. Hvordan føler forfatteren sig efter at have tilbragt noget tid i det skjulte rum?

9. Hvad mener forfatteren om den person, der tilbringer tid i rummet?

10. Hvad gør forfatteren, da de finder det skjulte rum?

Frågor om förståelse

1. Vad säger författaren om Nyhavn första gången de besökte den?

2. Hur känner författaren för Nyhavn när de återvänder dit efter en tid?

3. Varför tror författaren att Nyhavn har förändrats?

4. Vad känner författaren när han ser att Nyhavn är samma som tidigare?

5. Vad säger författaren om att bo i Nyhavn?

6. Vad gör författaren när de hör skrik och en smäll utanför?

7. Vad säger författaren om den lilla dörren som de hittar?

8. Hur känner sig författaren efter att ha tillbringat lite tid i det gömda rummet?

9. Vad tycker författaren om personen som tillbringar tid i rummet?

10. Vad gör författaren när de hittar det gömda rummet?

På stranden

Efter solopgang er bølgerne højere, og sandet over tidevandet er hvidt. Jeg går ned til stranden og **beundrer** havet og solen. Mine tæer mærker muslingernes riller. Sandet er koldt på mine tæer. Jeg smiler og går videre. Tidevandet er højt, så jeg skal passe på ikke at blive trukket ind i vandet. Jeg går langs vandkanten og beundrer havet. Solopgangen er **smuk, og** bølgerne brydes. Jeg føler mig så fredfyldt. Jeg kommer til et sted, hvor der er en klippeudspring. Jeg sætter mig ned og ser på bølgerne. Vandet er så blåt, og himlen er så **orange**. Jeg føler mig som om jeg er i en drøm. Jeg lukker øjnene og lytter bare til bølgerne. Jeg sad der længe, indtil jeg hørte nogen kalde mit navn.

Jeg åbner øjnene og ser min mor gå hen imod mig. Hun har et bekymret udtryk i ansigtet. Jeg smiler og vinker, og hun **slapper af**. "Jeg undrede mig over, hvor du gik hen," siger hun. "Jeg er glad for, at du nyder stranden." Jeg svarer: "Det gør jeg." "Det er så smukt her." "Det ved jeg godt," siger hun. "Jeg plejede at komme her hele tiden, da jeg var på din alder." "Virkelig?" Jeg spørger. "Ja," svarer hun. "Det er et specielt sted." "Har du nogensinde mødt nogen speciel her?" Jeg spørger. "Ja, det har jeg," svarer hun med et smil. "Din far."

På stranden

Efter soluppgången är vågorna högre och sanden ovanför tidvattnet är vit. Jag går ner till stranden och **beundrar** havet och solen. Mina tår känner skalens rännor. Sanden är kall på mina tår. Jag ler och fortsätter att gå. Tidvattnet är högt, så jag måste vara försiktig så att jag inte dras in. Jag går längs vattenkanten och beundrar havet. Soluppgången är **vacker och** vågorna slår mot varandra. Jag känner mig så fridfull. Jag kommer till en plats där det finns en klippavsats. Jag sätter mig ner och tittar på vågorna. Vattnet är så blått och himlen är så **orange**. Det känns som om jag befinner mig i en dröm. Jag blundar och lyssnar bara på vågorna. Jag satt där länge tills jag hörde någon ropa mitt namn.

Jag öppnar ögonen och ser min mamma gå mot mig. Hon har en orolig blick i ansiktet. Jag ler och vinkar och hon **slappnar av**. "Jag undrade vart du tog vägen", säger hon. "Jag är glad att du njuter av stranden." Jag svarar: "Det gör jag." "Det är så vackert här." "Jag vet", säger hon. "Jag brukade komma hit hela tiden när jag var i din ålder." "Verkligen?" Jag frågar. "Ja", svarar hon. "Det är ett speciellt ställe." "Träffade du någonsin någon speciell person här?" Jag frågar. "Det har jag gjort", svarar hon med ett leende. "Din far." "Verkligen?"

“Virkelig?” Jeg siger **overrasket**. “Ja,” siger hun. “Vi plejede at komme her hele tiden sammen. Det var her, vi blev forelskede. “ Jeg smiler og **forestiller mig, at** mine forældre forelskede sig på denne smukke strand. “Det er et særligt sted,” gentager hun. “Jeg er glad for, at du kom her i dag.”

Vi sidder der et stykke tid endnu og **ser på** bølgerne og solnedgangen. Så rejser vi os og går tilbage til vores strandhåndklæder. Jeg lægger mig ned og kigger på stjernerne. Jeg føler mig så glad og tilfreds. Bølgerne er højere nu, og sandet er koldt. Solen er ved at gå ned, og der blæser en kølig brise. Bølgerne slår mod kysten, og der er en duft af salt i luften. Det er en perfekt aften at være på stranden. Jeg går langs kysten, **lytter** til lyden af bølgerne og ser solnedgangen. Jeg ser en gruppe mennesker sidde på sandet og grine og lave sjov. De ser ud til at have det sjovt. Jeg går hen til dem og spørger, om jeg må slutte mig til dem. De siger ja, og vi tilbringer resten af aftenen med at tale, grine og se **solnedgangen**. Det er en perfekt aften. Gruppen og jeg taler sammen, indtil solen går ned. Vi deler historier og vittigheder, og vi har det alle sammen rigtig sjovt. Da natten begynder at falde på, begynder vi alle at føle os trætte. Vi kysser hinanden **farvel** og går fra hinanden. Jeg går tilbage til mit hotel og føler mig glad og tilfreds. Jeg kan slet ikke tro, hvor dejligt det er her. Jeg er så heldig at have **oplevet** det.

Jag säger **förvånad**. "Ja", säger hon. "Vi brukade komma hit hela tiden tillsammans. Det var här vi blev förälskade. " Jag ler och **föreställer mig** mina föräldrar som förälskade sig på denna vackra strand. "Det är en speciell plats", upprepar hon. "Jag är glad att du kom hit i dag."

Vi sitter där ett tag till och **tittar på** vågorna och solnedgången. Sedan reser vi oss upp och går tillbaka till våra strandhanddukar. Jag lägger mig ner och tittar på stjärnorna. Jag känner mig så lycklig och nöjd. Vågorna är högre nu och sanden är kall. Solen håller på att gå ner och en sval bris blåser. Vågorna slår mot stranden och doften av salt ligger i luften. Det är en perfekt kväll att vara på stranden. Jag går längs stranden, **lyssnar** på vågornas ljud och tittar på solnedgången. Jag ser en grupp människor som sitter i sanden och skrattar och skämtar. De ser ut att ha det jättebra. Jag går fram till dem och frågar om jag får göra dem sällskap. De säger ja och vi tillbringar resten av kvällen med att prata, skratta och titta på **solnedgången**. Det är en perfekt kväll. Gruppen och jag pratar tills solen går ner. Vi delar med oss av historier och skämt och vi har alla väldigt roligt. När kvällen börjar falla börjar vi alla känna oss trötta. Vi kysser varandra **adjö** och går skilda vägar. Jag går tillbaka till mitt hotell och känner mig lycklig och nöjd. Jag kan inte fatta hur härligt det är här. Jag är så lyckligt lottad som har fått **uppleva** det.

Forståelse spørgsmål

1. Hvor går fortælleren hen, efter at hun er vågnet op?

2. Hvad er det, som fortælleren beundrer, mens hun går langs stranden?

3. Hvad skal fortælleren være opmærksom på, når hun går langs stranden?

4. Hvor sætter fortælleren sig ned for at nyde udsigten?

5. Hvor længe sidder fortælleren der?

6. Hvem ser fortælleren, da hun åbner øjnene igen?

7. Hvad siger fortæller fortællerens mor?

8. Hvad taler fortælleren og de mennesker, hun møder, om?

Frågor om förståelse

1. Vart går berättaren efter att hon vaknat?

2. Vad beundrar berättaren när hon går längs stranden?

3. Vad måste berättaren se upp för när hon går längs stranden?

4. Var sätter sig berättaren för att njuta av utsikten?

5. Hur länge sitter berättaren där?

6. Vem ser berättaren när hon öppnar ögonen igen?

7. Vad säger berättarens mamma?

8. Vad pratar berättaren och de människor hon träffar om?

Camping ved søen

Jeg går hen mod søen og **beundrer den** fredfyldte scene. Solen skinner ned på den lille sø og får vandet til at ligne en glasplade. Den eneste bevægelse er den lejlighedsvise krusning fra en fisk, der **bryder** overfladen. Selv fuglene synes at tage en pause fra varmen, og kun lyden af cikader fylder luften. **Pludselig** bliver freden brudt af et højt plask. En stor **fisk** er hoppet op af vandet og forsøger at fange en guldsmed. Fisken rammer forbi sit mål og falder tilbage i vandet med et plask. "Wow," tænker jeg ved mig selv, "det var en stor fisk!". Jeg kiggede mig omkring for at se, om andre havde set den, men der var ingen i nærheden. Jeg må vel fortælle dem det, når jeg kommer tilbage til lejren.

Varmen er **trykkende** og gør det svært at trække vejret. Luften er tyk og tung, som et tæppe, der er svøbt om dig. Den eneste lindring er i vandet. Det er køligt og forfriskende, som en kold drik på en varm dag. Jeg tager en dyb indånding og dykker ned i vandet. Jeg bliver straks lettet, da det kølige vand omgiver mig. Jeg svømmer ned til bunden og så op til overfladen igen og mærker vandet køle min krop ned. Jeg fortsætter med at **svømme** omgange og nyder det behagelige pusterum fra varmen. Efter et stykke tid kommer jeg op

Camping vid sjön

Jag går mot sjön och **beundrar den** fridfulla scenen. Solen slår ner på den lilla sjön och får vattnet att se ut som en glasskiva. Den enda rörelsen är enstaka krusningar från en fisk som **bryter** ytan. Till och med fåglarna verkar ta en paus från värmen, endast ljudet av cikador fyller luften. **Plötsligt** bryts lugnet av ett högt plask. En stor **fisk** har hoppat upp ur vattnet och försöker fånga en trollslända. Fisken missar sitt mål och faller tillbaka i vattnet med ett plask. “Wow”, tänker jag för mig själv, “det var en stor fisk!”. Jag tittade mig omkring för att se om någon annan hade sett den, men det fanns ingen i närheten. Jag antar att jag får berätta för dem när jag kommer tillbaka till lägret.

Värmen är **tryckande och det är** svårt att andas. Luften är tjock och tung, som en filt som sveps runt dig. Den enda lättnaden finns i vattnet. Det är svalt och uppfriskande, som en kall dryck en varm dag. Jag tar ett djupt andetag och dyker ner i vattnet. Lättnaden är omedelbar när det svala vattnet omger mig. Jag simmar ner till botten och sedan tillbaka upp till ytan och känner hur vattnet kyler min kropp. Jag fortsätter att **simma** varv, och njuter av andningen från värmen. Efter ett tag stiger jag upp ur vattnet och lägger mig på gräset för att låta solen torka min kropp. Jag sluter ögonen och

af vandet og lægger mig ned på græsset, så solen kan tørre min krop. Jeg lukker øjnene og falder i søvn, mens lyden af **cikaderne** luller mig ind i en dyb dvale. Jeg lader solen bage vandet ud af min hud. Jeg kan mærke, at min hud bliver rød, men jeg er ligeglad. Det næste jeg ved er, at solen er ved at gå ned. Himlen er smukt orange med striber af pink og lilla. Varmen er væk og erstattet af en kølig **brise**.

Jeg rejser mig op og tager mit tøj på igen og føler mig frisk og forynget. Jeg tager en dyb **indånding** af den kølige luft og smiler. Det føles godt at være i live. Jeg går tilbage til campingpladsen og beundrer den måde, farverne danser på himlen. Jeg kan se lejrbålet brænde i det fjerne, og jeg kan lugte røgen i luften. Jeg smiler og **sætter** farten **op.** Jeg er klar til at slappe af og nyde resten af min aften. Jeg går ind på lejrpladsen og ser, at alle er samlet omkring bålet. De **griner** og laver sjov, og jeg kan se ilden reflektere i deres øjne. Jeg smiler og sætter mig ned ved siden af mine venner. Det er godt at være tilbage. Næste morgen vågner jeg tidligt og begynder at pakke mine ting sammen. Jeg er ivrig efter at komme tilbage på stien og fortsætte min rejse. Jeg siger farvel til mine venner og begynder at gå væk. Mens jeg går, kigger jeg en sidste gang på **lejrpladsen**. Jeg kan se, at bålet stadig brænder i det fjerne, og jeg kan lugte røgen i luften. Jeg smiler og sætter farten op. Jeg er klar til at fortsætte min **rejse**.

somnar, ljudet av **cikadorna** vaggar mig in i en djup sömn. Jag låter solen bränna vattnet ur min hud. Jag känner hur min hud blir röd, men jag bryr mig inte. Jag är för varm för att bry mig. nästa sak jag vet är att solen går ner. Himlen är vackert orange med strimmor av rosa och lila. Hettan är borta och ersätts av en sval **bris**.

Jag reser mig upp och tar på mig kläderna igen, känner mig fräsch och föryngrad. Jag tar ett djupt **andetag** av den svala luften och ler. Det känns bra att vara vid liv. Jag går tillbaka till lägerplatsen och beundrar hur färgerna dansar på himlen. Jag ser lägerelden brinna i fjärran och känner lukten av rök i luften. Jag ler och **ökar** tempot. Jag är redo att slappna av och njuta av resten av kvällen. Jag går in på lägerplatsen och ser att alla är samlade runt elden. De **skrattar** och skämtar, och jag kan se elden spegla sig i deras ögon. Jag ler och sätter mig bredvid mina vänner. Det är skönt att vara tillbaka. Nästa morgon vaknar jag tidigt och börjar packa mina saker. Jag är ivrig att komma tillbaka på leden och fortsätta min resa. Jag tar farväl av mina vänner och börjar gå iväg. När jag går tar jag en sista titt på **lägerplatsen**. Jag kan se att elden fortfarande brinner i fjärran och jag kan känna lukten av rök i luften. Jag ler och ökar tempot. Jag är redo att fortsätta min **resa**.

Forståelse spørgsmål

1. Hvor skal den gående hen?

2. Hvilken slags vejr er det?

3. Hvordan ser vandet ud?

4. Hvordan reagerer rollatoren på varmen?

5. Hvad laver fisken?

6. Hvorfor er vandringsmanden alene?

7. Hvordan føles vandet?

8. Hvordan har den gående det efter svømning?

9. Hvad tid på dagen er det, når rollatoren vågner?

10. Hvor tager vandringsmanden hen, når han forlader lejren?

Frågor om förståelse

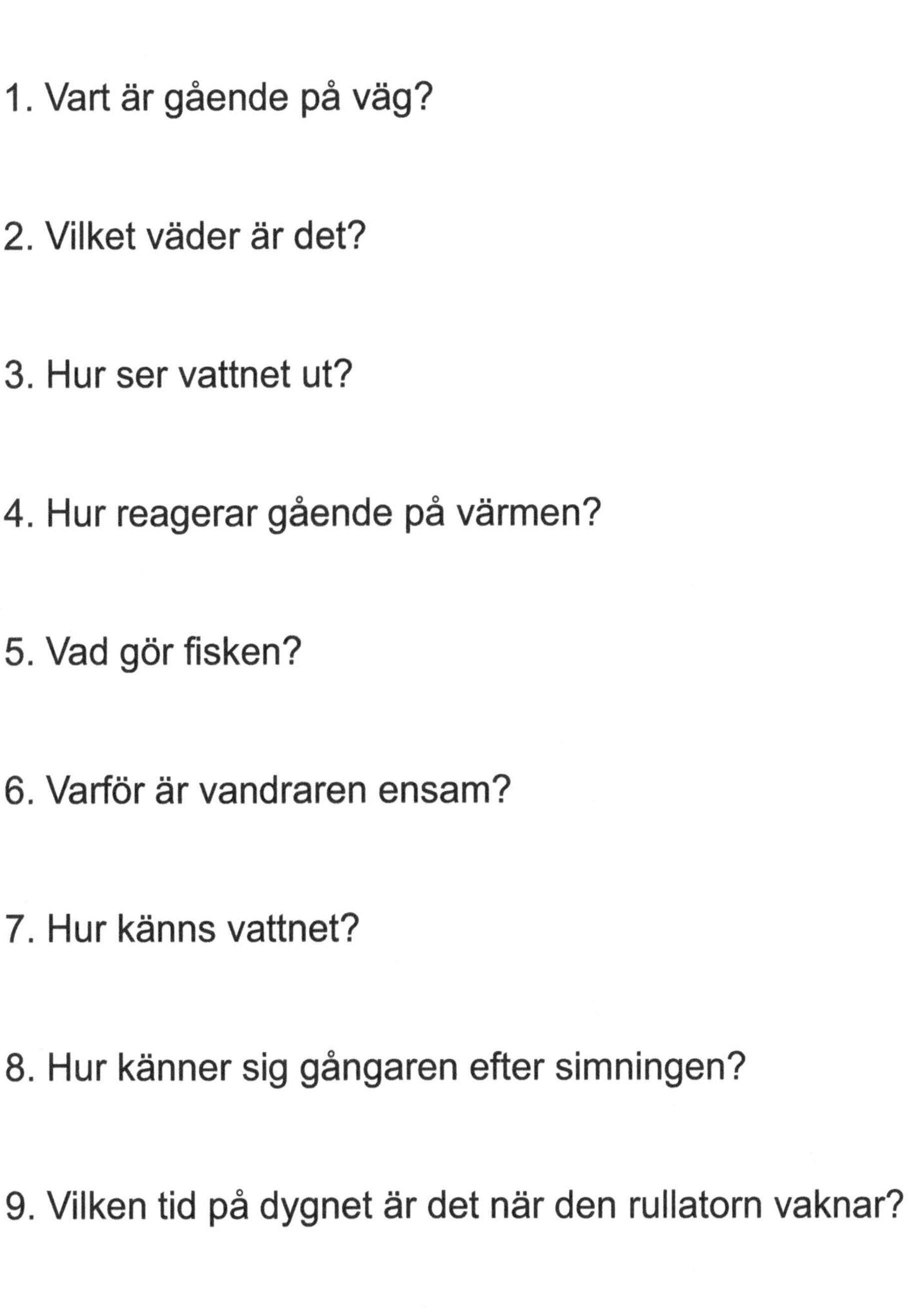

1. Vart är gående på väg?

2. Vilket väder är det?

3. Hur ser vattnet ut?

4. Hur reagerar gående på värmen?

5. Vad gör fisken?

6. Varför är vandraren ensam?

7. Hur känns vattnet?

8. Hur känner sig gångaren efter simningen?

9. Vilken tid på dygnet är det när den rullatorn vaknar?

10. Vart tar vandraren vägen när han lämnar lägret?

Huset

Jeg flyttede ind i mit nye hus i sidste uge, og jeg er så **glad for det**! Det er så meget større end mit gamle, og det har en stor baghave. Jeg kan ikke vente med at have venner på besøg til grillfester og fester. Mit yndlingssted er mit nye soveværelse. Det er så stort og lyst, og jeg har masser af plads til at lægge alle mine ting. Jeg er virkelig glad for mit nye hus, og jeg tror, at jeg vil blive meget glad her. Jeg besluttede mig for at udforske huset lidt mere. Jeg gik op på anden sal og begyndte at gå hen til køkkenet, da jeg så en stor sort edderkop på væggen! Jeg skreg og løb ned ad trappen. Jeg var så **bange**! Men efter et par minutter faldt jeg til ro og besluttede mig for at gå tilbage ovenpå. Jeg gik langsomt op i køkkenet og så, at edderkoppen var væk. Jeg var så lettet! Jeg gik tilbage nedenunder og besluttede mig for at gå udenfor for at udforske **baghaven**. Den var så stor! Jeg kunne ikke tro det. Jeg så en gynge i hjørnet og en rutsjebane. Jeg så også et basketballnet og en **trampolin**. Jeg var så spændt!

Jeg kan ikke vente med at bruge alle de nye ting. **Naboerne** kom over og præsenterede sig. De virkede rigtig søde, og vi talte lidt sammen. De inviterede mig til deres grillfest næste weekend, og jeg sagde, at jeg gerne ville komme. Jeg har haft en god første uge i mit

Huset

Jag flyttade in i mitt nya hus förra veckan, och jag är så **glad**! Det är så mycket större än mitt gamla och har en stor bakgård. Jag kan inte vänta på att få bjuda in vänner till grillkvällar och fester. Min favoritdel är mitt nya sovrum. Det är så stort och ljust, och jag har massor av utrymme att ställa alla mina saker. Jag är verkligen nöjd med mitt nya hus och jag tror att jag kommer att bli väldigt lycklig här. Jag bestämde mig för att utforska huset lite mer. Jag gick upp till andra våningen och började ta mig till köket när jag såg en stor svart spindel på väggen! Jag skrek och sprang ner för trappan. Jag var så **rädd**! Men efter några minuter lugnade jag mig och bestämde mig för att gå upp igen. Jag tog mig sakta fram till köket och såg att spindeln var borta. Jag var så lättad! Jag gick ner igen och bestämde mig för att gå ut och utforska **bakgården**. Den var så stor! Jag kunde inte tro det. Jag såg en gungställning i hörnet och en rutschkana. Jag såg också ett basketnät och en **studsmatta**. Jag var så uppspelt!

Jag kan inte vänta på att få använda alla dessa nya saker. **Grannarna** kom över och presenterade sig. De verkade riktigt trevliga och vi pratade en stund. De bjöd in mig till deras grillfest nästa helg, och jag sa att jag gärna vill komma. Jag har haft en fantastisk

nye hus, og jeg glæder mig til alle de nye eventyr, der venter forude. I dag vil jeg gå på opdagelse i baghaven igen og se, hvad jeg ellers kan finde. Hvem ved, måske finder jeg endda en **skat**. Jeg glæder mig til at se, hvad den næste uge bringer! Den næste uge gik jeg på opdagelse i baghaven igen, og jeg fandt en **hemmelig** have. Den var så smuk! Der var blomster overalt og en lille dam med fisk i. Jeg så også et gyngestativ, som jeg ikke havde set før. Jeg var så glad for at finde denne hemmelige have, og jeg kan ikke vente med at udforske den mere. Den var så **smuk**!

Der var blomster overalt og en lille dam med fisk i. Jeg så også et gyngestativ, som jeg ikke havde set før. Jeg var så spændt på at finde denne hemmelige have, og jeg glæder mig til at udforske den mere. Jeg var også vild med mit nye værelse. Det var så stort og lyst, og der var allerede plakater af mine yndlingsbands på væggene. Jeg behøvede ikke engang at tage mine egne **møbler** med, for der var allerede en seng, en kommode og et skrivebord her. Det her bliver det bedste år nogensinde! Jeg var lidt nervøs for at starte på en ny **skole,** men alle mine nye naboer har været så venlige. Jeg har endda mødt en pige, der bor ved siden af, og hun siger, at hun vil gå med mig i skole den første dag. Jeg elsker mit nye hus, og jeg glæder mig så meget til at starte dette nye kapitel i mit liv! I morgen bliver fantastisk!

första vecka i mitt nya hus, och jag är förväntansfull inför alla nya äventyr som väntar. I dag ska jag gå på upptäcktsfärd i trädgården igen och se vad mer jag kan hitta. Vem vet, kanske hittar jag till och med en **skatt**. Jag kan inte vänta på att se vad nästa vecka kommer att föra med sig! Nästa vecka gick jag på upptäcktsfärd i trädgården igen och hittade en **hemlig** trädgård. Den var så vacker! Det fanns blommor överallt och en liten damm med fiskar i. Jag såg också en gungställning som jag inte hade sett förut. Jag blev så glad över att hitta den här hemliga trädgården och jag kan inte vänta på att utforska den mer. Den var så **vacker**!

Det fanns blommor överallt och en liten damm med fiskar i. Jag såg också en gungställning som jag inte hade sett förut. Jag var så glad över att hitta den här hemliga trädgården och jag kan inte vänta på att utforska den mer. Jag älskade också mitt nya rum. Det var så stort och ljust, och det fanns redan affischer med mina favoritband på väggarna. Jag behövde inte ens ta med mig några egna **möbler** eftersom det redan fanns en säng, en byrå och ett skrivbord här. Det här kommer att bli det bästa året någonsin! Jag var lite nervös över att börja på en ny **skola,** men alla mina nya grannar har varit så vänliga. Jag har till och med träffat en tjej som bor bredvid och hon säger att hon ska gå till skolan med mig på min första dag. Jag älskar mitt nya hus, och jag är så glad över att börja detta nya kapitel i mitt liv! Morgondagen kommer att bli fantastisk!

Forståelse spørgsmål

1. Hvor bor den pågældende?

2. Hvordan kan personen lide at bo i det nye hus?

3. Hvad er den pågældendes yndlingssted i det nye hus?

4. Hvad fandt personen i haven?

5. Hvem er naboerne?

6. Hvordan føltes de første dage i det nye hus?

7. Hvad er den pågældendes foretrukne del af det nye rum?

8. Hvad har personen planer om at gøre i morgen?

9. Hvad var det bedste ved personens første uge i det nye hus?

10. Hvad er alt i personens nye værelse?

Frågor om förståelse

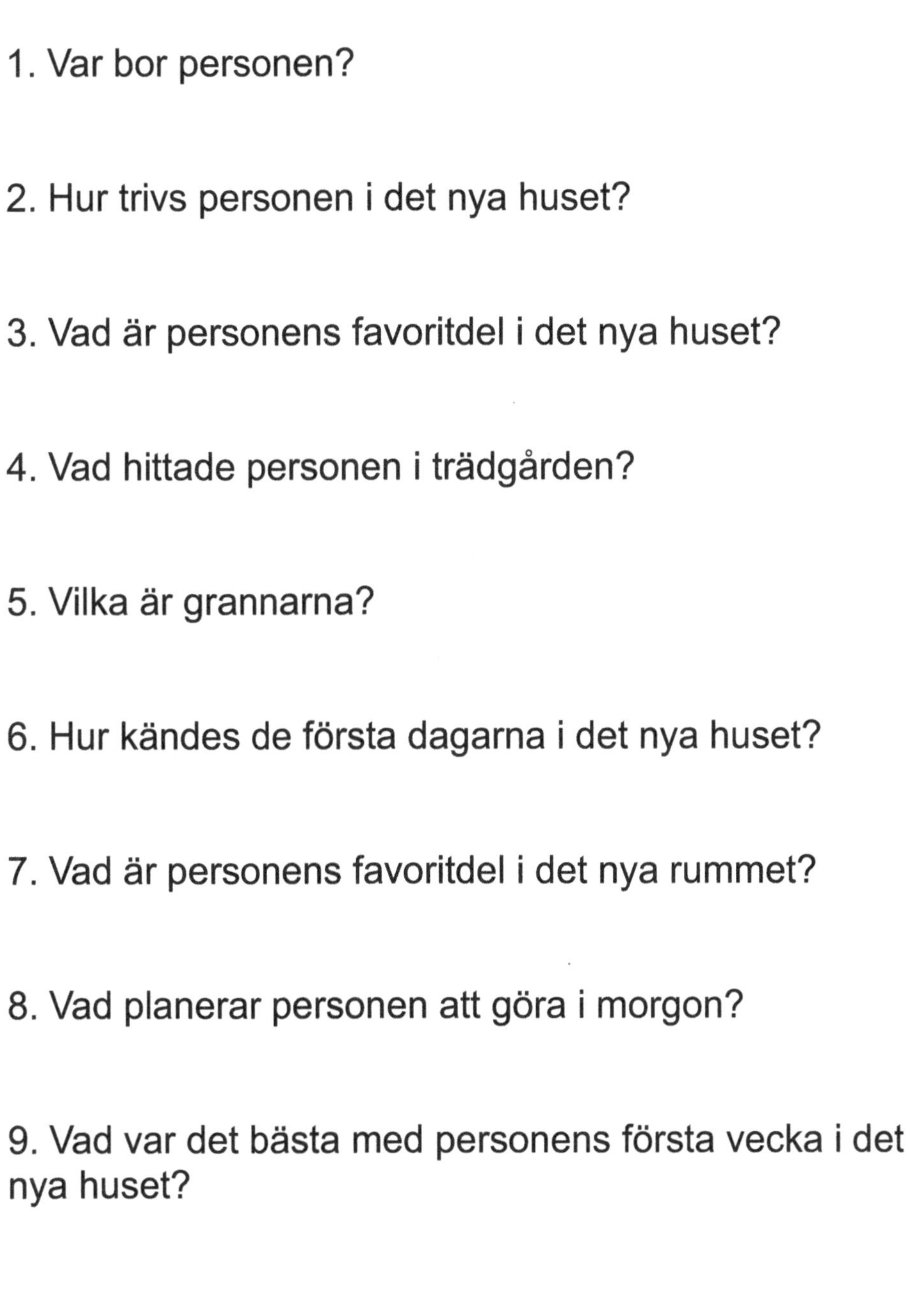

1. Var bor personen?

2. Hur trivs personen i det nya huset?

3. Vad är personens favoritdel i det nya huset?

4. Vad hittade personen i trädgården?

5. Vilka är grannarna?

6. Hur kändes de första dagarna i det nya huset?

7. Vad är personens favoritdel i det nya rummet?

8. Vad planerar personen att göra i morgon?

9. Vad var det bästa med personens första vecka i det nya huset?

10. Vad finns i personens nya rum?

På toget

Jeg løb hen til togstationen, men jeg kom for sent. Toget var allerede kørt uden mig. Jeg følte mig så **vred** og **skuffet** over mig selv. Jeg havde planlagt at tage toget for at besøge mine bedsteforældre, som bor på landet, men nu skulle jeg vente en hel time på det næste tog. Jeg besluttede mig for at gå rundt i byen et stykke tid i stedet og forsøgte at glemme min forpassede chance. Mens jeg gik, begyndte jeg at **dagdrømme** om alle de steder, man kan komme med **tog.** Pludselig var jeg ikke længere så ked af det. Jeg går tilbage til stationen og kan ikke undgå at lægge mærke til det store røde, hvide og blå lokomotiv, der kommer kørende mod mig. Det er først da jeg ser **konduktøren** vinke til mig fra vinduet, at det går op for mig, at dette tog er til mig. Jeg stiger på toget og finder min plads og sætter mig til rette til det, der lover at blive en lang rejse.

Da vi kører ud af stationen, kan jeg ikke lade være med at tænke på, hvor dette tog vil føre mig hen. Gennem grønne **marker** og over blå floder, forbi bjerge og dale, der er ikke til at sige, hvor dette gamle tog vil køre hen. Da natten begynder at falde på, falder jeg i en **fredelig** søvn, vugget af de **rytmiske** bevægelser fra vognene på skinnerne nedenfor. Da morgenen kommer igen, åbner jeg øjnene og opdager, at vi er ankommet til en

På tåget

Jag sprang till tågstationen, men det var för sent. Tåget hade redan gått utan mig. Jag kände mig så **arg** och **besviken** på mig själv. Jag hade planerat att ta tåget för att besöka mina morföräldrar som bor på landet, men nu skulle jag behöva vänta en hel timme på nästa tåg. Jag bestämde mig för att gå runt i staden en stund i stället och försökte glömma min missade möjlighet. Medan jag gick började jag **dagdrömma** om alla de platser som **tågen** kan ta en till. Plötsligt var jag inte längre så upprörd. Jag går tillbaka in på stationen och kan inte låta bli att lägga märke till det stora röda, vita och blå lokomotivet som tuffar fram mot mig. Det är inte förrän jag ser **konduktören** vinka till mig från fönstret som jag förstår att det här tåget är till mig. Jag går ombord på tåget och hittar min plats och sätter mig ner för vad som lovar att bli en lång resa.

När vi lämnar stationen kan jag inte låta bli att undra vart tåget kommer att ta mig. Genom gröna **fält** och över blå floder, förbi berg och dalar, det går inte att säga vart det här gamla tåget kommer att ta vägen. När mörkret börjar falla glider jag in i en **fridfull** sömn, vaggad av den **rytmiska** rörelsen av vagnarna på spåren nedanför. När morgonen kommer igen öppnar jag ögonen och upptäcker att vi har anlänt till en liten

lille by et sted midt i ingenting. Solen titter lige frem over horisonten, mens de lokale begynder at myldre rundt på Main Street; det ligner enhver anden dag her bortset fra én ting - der er et stort skilt ved rådhuset, hvor der står “Velkommen om bord!” Det ser ud til, at denne lille by har ventet os, selv om vi bare er et almindeligt passagertog, der kører igennem på vej til et andet sted. Da vi endnu en gang lægger byen bag os og kører videre mod hvem ved hvor vi nu skal hen, smiler jeg til alle de venlige ansigter, der vinker farvel fra de små huse, der ligger i **landskabet - det** er virkelig utroligt, hvordan noget så tilsyneladende almindeligt kan bringe så meget glæde blot ved at passere. Og så er der selvfølgelig **børnene**.

Jeg læner mig ud af vinduet på mit lokomotiv. De gør mig altid så glad med deres strålende øjne og store grin. Jeg vinker energisk tilbage til dem, inden jeg vender tilbage til min **kabine** og sætter mig ned. Det har allerede været en lang dag, men den er ikke slut endnu; der er stadig et par timer til, før vi når vores endelige **destination**. Jeg tager min bog frem og begynder at læse, mens jeg lader togets rytmiske vuggen vugge mig ind i en fredfyldt tilstand. Indimellem kigger jeg op på landskabet, der passerer forbi udenfor - det bliver aldrig gammelt, uanset hvor mange gange jeg ser det. Til sidst begynder det at blive mørkt, og i det fjerne begynder der at dukke **blinkende** lys op; vi nærmer os nu.

stad någonstans mitt ute i ingenstans. Solen tittar precis över horisonten när lokalbefolkningen börjar mingla runt på Main Street; det ser ut som vilken dag som helst här förutom en sak - det finns en stor skylt uppsatt nära stadshuset där det står "Välkommen ombord!". Det verkar som om den här lilla staden har väntat på oss, trots att vi bara är ett vanligt passagerartåg som passerar på väg någon annanstans. När vi återigen lämnar staden bakom oss och tuffar vidare mot vem vet vart vi ska, ler jag åt alla vänliga ansikten som vinkar adjö från de små husen som ligger inbäddade bland **jordbruksmarken - det** är verkligen fantastiskt hur något så till synes ordinärt kan ge så mycket glädje bara genom att passera. Och sedan finns det naturligtvis **barnen**.

Jag lutar mig ut genom fönstret på mitt lokomotiv. De får mig alltid att känna mig så lycklig med sina lysande ögon och stora leenden. Jag vinkade energiskt tillbaka till dem innan jag återvände till min **hytt** och satte mig ner. Det har redan varit en lång dag, men den är inte över än; det är fortfarande några timmar kvar tills vi når vår **slutdestination**. Jag tar fram min bok och börjar läsa och låter tågets rytmiska gungning vagga mig in i ett lugnt tillstånd. Då och då tittar jag upp på landskapet som passerar förbi utanför - det blir aldrig gammalt hur många gånger jag än ser det. Så småningom börjar det bli mörkt och **blinkande** ljus börjar synas i fjärran; vi börjar närma oss nu.

Forståelse spørgsmål

1. Hvor skal toget hen?

2. Hvem rejser med toget?

3. Hvornår kører toget?

4. Hvordan kommer hovedpersonen på toget?

5. Hvor kommer toget fra?

6. Hvor skal toget hen næste gang?

7. Hvornår ankom passagererne?

8. Hvordan har hovedpersonen det, da han misser toget?

9. Hvordan reagerer lokomotivføreren, da han ser hovedpersonen?

10. Hvorfor kan hovedpersonen lide tog?

Frågor om förståelse

1. Vart är tåget på väg?

2. Vem reser med tåget?

3. När avgår tåget?

4. Hur kommer huvudpersonen ombord på tåget?

5. Varifrån kommer tåget?

6. Vart ska tåget åka nästa gång?

7. När anlände passagerarna?

8. Hur känner sig huvudpersonen när han missar tåget?

9. Hur reagerar lokföraren när han ser huvudpersonen?

10. Varför gillar huvudpersonen tåg?

Tilberedning af aftensmad

Klokken er 17.00 nu, og jeg er på vej hjem fra arbejde. Jeg **glæder mig** til at få en rolig aften derhjemme med min partner. Vi laver mad sammen og slapper så bare af resten af aftenen. Det føles godt at vide, at jeg ikke har nogen planer eller forpligtelser denne **aften**. Jeg kommer hjem, og min partner er allerede i køkkenet og er begyndt at forberede vores middag. Det dufter **fantastisk** herinde! Vi snakker, mens vi laver mad, og vi får snakket om hinandens dage og deler små historier fra vores arbejdsliv. Køkkenet er mit yndlingsrum i vores lejlighed. Jeg elsker at lave mad, og jeg elsker især at lave mad sammen med min partner. Vi har det altid så sjovt herinde, hvor vi griner og laver sjov, mens vi laver mad i en storm. Desuden er maden altid **fantastisk,** når vi arbejder **sammen**.

I aften laver vi en af mine absolutte yndlingsopskrifter: **kylling** med parmesan. Min partner starter med at panere kyllingen, mens jeg får saucen til at simre på **komfuret**. Vi arbejder sammen som en velsmurt maskine, og inden længe er maden klar til servering. Vi sætter os ved vores lille køkkenbord med **tallerkener** fyldt med parmesankylling, pasta og salat. Vi klirrer med glassene og tager den første bid - og det er **himmelsk**!

Matlagning av middag

Klockan är 17.00 och jag går hem från jobbet. Jag ser **fram emot en** lugn kväll hemma med min partner. Vi ska laga middag tillsammans och sedan bara slappna av resten av kvällen. Det känns skönt att veta att jag inte har några planer eller skyldigheter den här **kvällen**. Jag kommer hem och min partner står redan i köket och börjar förbereda vår middag. Det luktar **fantastiskt** här inne! Vi pratar medan vi lagar mat, tar del av varandras dagar och delar med oss av små historier från våra arbetsliv. Köket är mitt favoritrum i vår lägenhet. Jag älskar att laga mat, och jag älskar särskilt att laga mat tillsammans med min partner. Vi har alltid så roligt här inne, skrattar och skämtar medan vi lagar en storm. Dessutom blir maten alltid **otrolig** när vi arbetar **tillsammans**.

Ikväll ska vi laga ett av mina absoluta favoritrecept: **kyckling** parmesan. Min partner börjar med att panera kycklingen medan jag får såsen att sjuda på **spisen**. Vi arbetar tillsammans som en väloljad maskin och snart är middagen klar att serveras. Vi sätter oss vid vårt lilla köksbord med **tallrikar** fulla med kyckling parmesan, pasta och sallad. Vi klinkar i glasen och tar vår första tugga - och den är **himmelsk**! Kycklingen är krispig

Kyllingen er sprød udenpå, men saftig indeni; saucen er smagfuld og perfekt; pastaen er kogt al dente ... alt smager helt perfekt i aften. Vi ved begge to, at det var en af de aftener, hvor alt bare var perfekt, mens vi **nyder** hver eneste bid af vores lækre måltid. Det smagte endnu bedre, end det lugtede - og det var fandeme godt! Vi spiser forholdsvis hurtigt op, da ingen af os er særlig sultne i dag, men vi tager os god tid til at nyde et par **glas** vin mere, mens vi snakker let om dette og hint emne. Efter middagen rydder vi hurtigt op sammen og bevæger os derefter ind i stuen, hvor vi bruger lidt tid på at **hygge os i** sofaen, mens vi ser tv.

Det føles så dejligt at være tæt på hinanden efter en lang **arbejdsdag, hvor vi har været** adskilt. Jeg føler mig tilfreds. Selv om vi ikke havde en begivenhedsrig aften, var det rart bare at tilbringe lidt tid sammen uden at skulle forlade huset. Vi så en film og gik tidligt i seng og følte os **tilfredse** med vores enkle aften. Det er blevet en af vores **yndlingsting, når vi ikke har** lyst til at gå i byen - bare slappe af derhjemme og nyde hinandens selskab over et hjemmelavet måltid. Det er altid rart at vide, at vi kan komme tilbage hertil efter en lang dag og bare være os selv. **Til sidst** begynder vi begge at gabe, så vi beslutter os for at gå ovenpå og gå i seng, hvor vi læser lidt, før vi smyger os tæt ind under dynen og falder godt i søvn.

på utsidan men saftig på insidan, såsen är smakrik och perfekt, pastan är kokt al dente... allt smakar helt perfekt i kväll. Vi vet båda att det här var en av de kvällar där allting bara kom samman perfekt när vi **njuter av** varenda tugga av vår utsökta måltid. Den smakade ännu bättre än den luktade - vilket var jäkligt bra! Vi äter upp vår måltid relativt snabbt eftersom ingen av oss är särskilt hungrig idag, men vi tar oss tid att njuta av ytterligare några **glas** vin medan vi pratar lättsamt om det ena eller andra ämnet. Efter middagen städar vi snabbt tillsammans och flyttar sedan in i vardagsrummet där vi tillbringar lite tid med att **mysa** i soffan medan vi tittar på TV.

Det känns så skönt att bara vara nära varandra efter en lång **arbetsdag**. Jag känner mig nöjd. Även om vi inte hade någon händelserik kväll var det trevligt att bara tillbringa lite tid tillsammans utan att behöva lämna huset. Vi tittade på en film och gick tidigt till sängs och kände oss **nöjda** med vår enkla kväll. Detta har blivit en av våra favoritsaker att göra på kvällar när vi inte vill gå ut - bara koppla av hemma och njuta av varandras sällskap över en hemlagad måltid. Det är alltid trevligt att veta att vi kan komma tillbaka hit efter en lång dag och bara vara oss själva. **Så småningom** börjar vi båda gäspa, så vi bestämmer oss för att gå upp till sängen, där vi läser en stund innan vi myser tätt intill varandra under täcket och somnar ordentligt.

Forståelse spørgsmål

1. Hvor kommer fortælleren fra?

2. Hvad laver fortælleren efter arbejde?

3. Hvad spiser fortælleren til aftensmad?

4. Hvorfor kan fortælleren lide køkkenet?

5. Hvilken slags ret laver parret?

6. Hvordan føler fortælleren sig ved slutningen af aftenen?

7. Hvad er parrets yndlingsbeskæftigelse?

8. Hvad gør parret, når de bliver trætte?

9. Hvor sover de?

10. Hvorfor kan fortælleren lide at blive hjemme?

Frågor om förståelse

1. Varifrån kommer berättaren?

2. Vad gör berättaren efter jobbet?

3. Vad äter berättaren till middag?

4. Varför gillar berättaren köket?

5. Vilken typ av maträtt lagar paret?

6. Hur känner sig berättaren i slutet av kvällen?

7. Vad är parets favoritsak att göra?

8. Vad gör paret när de blir trötta?

9. Var sover de?

10. Varför vill berättaren stanna hemma?

På vej hjem

Det var en **fredelig** aften, da jeg gik hjem fra arbejde. Mens jeg gik, kunne jeg ikke lade være med at smile over minderne. Det føltes godt at være tilbage i mit gamle kvarter. Jeg vinkede til et par mennesker, jeg kendte, og de vinkede tilbage. Det var godt at være hjemme. Jeg gik forbi min gamle skole og **huskede** alle de gode stunder, jeg havde haft med mine venner. Vi gik altid hjem sammen og talte om vores dag. **Nogle gange** stoppede vi op og fik is eller gik i parken. Det var de bedste tider. Jeg savner den tid. Men nu har jeg min egen familie, og jeg er tilfreds med mit liv. Jeg er glad for, at jeg kan se tilbage på disse minder og smile. De er en del af mit liv, som jeg altid vil værdsætte. Det var den bedste tid. Jeg savner den tid. Men nu har jeg min egen familie, og jeg er tilfreds med mit liv. Jeg er glad for, at jeg kan se tilbage på disse **minder** og smile. De er en del af mit liv, som jeg altid vil værdsætte.

Jeg fortsætter med at gå og tænker på de gode stunder, jeg havde med mine venner. Jeg ved, at jeg snart vil se dem igen. Jeg går mod mit hjem og beslutter mig for at gå gennem en park i nærheden. Solen er ved at gå ned, og himlen er ved at få en **smuk** orange farve. Parken er tom, bortset fra et par fugle, der kvidrer i træerne. Jeg tager en dyb **indånding** og smiler. Mens

Att gå hem

Det var en **lugn** natt när jag gick hem från jobbet. När jag gick kunde jag inte låta bli att le åt minnena. Det kändes bra att vara tillbaka i mitt gamla kvarter. Jag vinkade till några personer som jag kände och de vinkade tillbaka. Det var skönt att vara hemma. Jag gick förbi min gamla skola och **mindes** alla goda stunder som jag hade haft med mina vänner. Vi brukade alltid gå hem tillsammans och prata om vår dag. **Ibland** stannade vi och köpte glass eller gick till parken. Det var de bästa tiderna. Jag saknar dessa tider. Men nu har jag min egen familj och är nöjd med mitt liv. Jag är glad att jag kan se tillbaka på dessa minnen och le. De är en del av mitt liv som jag alltid kommer att uppskatta. Det var den bästa tiden. Jag saknar den tiden. Men nu har jag min egen familj och är lycklig med mitt liv. Jag är glad att jag kan se tillbaka på dessa **minnen** och le. De är en del av mitt liv som jag alltid kommer att uppskatta.

Jag fortsätter att gå och tänker på de fina stunderna med mina vänner. Jag vet att jag snart kommer att träffa dem igen. Jag går mot mitt hem och bestämmer mig för att gå genom en park i närheten. Solen håller på att gå ner och himlen får en **vacker** orange färg. Parken är tom, förutom några fåglar som kvittrar i träden. Jag tar ett djupt **andetag och** ler. När jag går genom parken

jeg går gennem parken, ser jeg et stjerneskud strejfe hen over himlen. Jeg ønsker mig noget på den stjerne og fortsætter min gåtur. Jeg tænker på min dag på arbejdet, og hvor **fredfyldt** den var. Jeg smiler for mig selv og tænker på, hvor heldig jeg er med at have så godt et job. Jeg går hjem og **mærker den** kølige natteluft på min hud. Jeg føler mig så levende og glad, fordi jeg bare nyder den simple handling at gå hjem på en fredelig aften. Jeg havde det så godt, at jeg begyndte at **fløjte**. Jeg gik forbi et par mennesker på gaden, men de passede alle sammen deres egne sager.

Jeg drejede om hjørnet ind på min gade og så min nabos kat, Mr. Whiskers, sidde på min veranda. Jeg sagde hej til ham, og han miavede tilbage. Jeg **låste** min dør **op** og gik ind. Jeg var så glad for at være hjemme. Jeg tog mine sko af og gjorde mig klar til at gå i seng. Jeg gik i seng den aften og følte mig glad og taknemmelig, mit hjerte var fuldt af kærlighed. Jeg sov trygt hele natten og bekymrede mig ikke om noget. Jeg vågnede fra en udhvilet søvn og blev **mødt af** solen, der skinnede ind gennem mit vindue. Jeg stod ud af sengen og strakte mig, tog en dyb indånding og følte den kølige luft fylde mine lunger. Jeg gik hen til mit vindue og kiggede ud og hørte fuglene kvidre og **egern** lege. Jeg smilede og gik hen for at tage tøj på, jeg følte mig glad og tilfreds. Jeg havde haft en dejlig dag, hvor jeg havde tilbragt tid med mine **venner** og min familie.

ser jag ett stjärnskott röra sig över himlen. Jag önskar mig något på den stjärnan och fortsätter att gå. Jag tänker på min dag på jobbet och hur **fridfull** den var. Jag ler för mig själv och tänker på hur lycklig jag är som har ett så bra jobb. Jag går hem och **känner den** svala nattluften på min hud. Jag känner mig så levande och lycklig, när jag bara njuter av den enkla handlingen att gå hem en lugn natt. Jag kände mig så bra att jag började **vissla**. Jag gick förbi några människor på gatan, men alla skötte sig själva.

Jag svängde runt hörnet på min gata och såg grannens katt, Mr Whiskers, sitta på min veranda. Jag sa hej till honom och han mejade tillbaka. Jag **låste upp** min dörr och gick in. Jag var så glad över att vara hemma. Jag tog av mig skorna och gjorde mig redo för sängen. Jag gick till sängs den kvällen och kände mig glad och tacksam, mitt hjärta fullt av kärlek. Jag sov gott hela natten och oroade mig inte för någonting. Jag vaknade upp från en vilsam sömn och **möttes** av solen som sken in genom mitt fönster. Jag gick upp ur sängen och sträckte mig, tog ett djupt andetag och kände hur den svala luften fyllde mina lungor. Jag gick till mitt fönster och tittade ut, hörde fåglarna kvittra och **ekorrarna** leka. Jag log och gick och klädde på mig och kände mig glad och nöjd. Jag hade haft en fantastisk dag och tillbringat tid med mina **vänner** och min familj.

Forståelse spørgsmål

1. Hvad lavede hovedpersonen, da historien begyndte?

2. Hvad tænkte hovedpersonen på, da han gik hjem?

3. Hvad plejede hovedpersonen at lave med sine venner efter skoletid?

4. Hvad savner hovedpersonen fra den tid?

5. Hvad tænker hovedpersonen om sit nuværende liv?

6. Hvad gør hovedpersonen, når han ser et stjerneskud?

7. Hvordan har hovedpersonen det, når de går hjem?

8. Hvad gør hovedpersonen, når de kommer hjem?

9. Hvordan har hovedpersonen det, når han vågner op næste morgen?

10. Hvad gør hovedpersonen den næste dag?

Frågor om förståelse

1. Vad gjorde huvudpersonen när berättelsen började?

2. Vad tänkte huvudpersonen på när han gick hem?

3. Vad brukade huvudpersonen göra med sina vänner efter skolan?

4. Vad saknar huvudpersonen från den tiden?

5. Vad tycker huvudpersonen om sitt nuvarande liv?

6. Vad gör huvudpersonen när de ser ett stjärnfall?

7. Hur känner sig huvudpersonen när de går hem?

8. Vad gör huvudpersonen när de kommer hem?

9. Hur känner sig huvudpersonen när han vaknar nästa morgon?

10. Vad gör huvudpersonen nästa dag?

Slottet

Familien havde altid ønsket at besøge et gammelt slot i **Tyskland, og** endelig tog de af sted. De blev ikke **skuffede**. Slottet var smukt, og de nød at udforske de mange rum og gange. Det første, der slog dem, var lugten. De fandt **skimmelsvamp**, fugt og noget andet, som de ikke helt kunne sætte en finger på. Den anden ting var lyden. Stenvægge er tykke, men de dæmper ikke lyden helt. De hørte hvert eneste skridt, hvert eneste ord, der blev sagt med en normal stemme, og af og til dryppede der vand **et sted i det** fjerne. Da deres øjne vænnede sig til det svage lys, så de massive stenvægge, der tårnede sig op omkring dem, og fra dem hang gobelinerne i **flossede** stykker. De stod i en stor hal med et højt loft, der blev støttet af udskårne søjler. De elskede også udsigten fra tårnene, og børnene havde det sjovt at løbe rundt på området. **Solen** var begyndt at gå ned, da de var færdige med at udforske slottet, og de beklagede, at de ikke havde taget en **lommelygte** med. De besluttede sig for at gå tilbage til indgangen, men fandt hurtigt ud af, at de var faret vild. De vandrede rundt i det, der føltes som timer, indtil de endelig stødte på en dør, der førte ud. De fortsatte, indtil de **nåede** enden af gangen og kom til et imponerende sæt dobbeltdøre. De prøvede så meget de kunne, men dørene ville ikke røre sig. De rasler

Slottet

Familjen hade alltid velat besöka ett gammalt slott i **Tyskland,** och till slut gjorde de resan. De blev inte **besvikna**. Slottet var vackert och de njöt av att utforska dess många rum och korridorer. Det första som slog dem var lukten. De hittade **mögel**, fukt och något annat som de inte riktigt kunde sätta fingret på. Det andra var ljudet. Stenväggar är tjocka, men de dämpar inte ljudet helt och hållet. De hörde varje fotsteg, varje ord som sades med normal röst och ibland droppade vatten **någonstans** i fjärran. När deras ögon anpassade sig till det svaga ljuset såg de massiva stenväggar som tornade upp sig runt omkring dem och från dem hängde gobelänger i **trasiga** fragment. De stod i en enorm sal med högt tak som stöddes av snidade pelare. De älskade också utsikten från tornen, och barnen hade en fantastisk tid att springa runt på området. **Solen** hade börjat gå ner när de var klara med att utforska slottet, och de ångrade att de inte hade tagit med sig en **ficklampa**. De bestämde sig för att ta sig tillbaka till ingången, men fann sig snart vilse. De vandrade runt i vad som kändes som timmar, tills de slutligen kom till en dörr som ledde ut. De fortsatte tills de **nådde** slutet av hallen och kom till en imponerande uppsättning dubbeldörrar. De försökte hur mycket de än gjorde, men dörrarna rörde sig inte. De skramlade **betänkligt**

ildevarslende, men bevæger sig ikke en tomme. Det så ud som om den, der har været her før, må være gået igennem her og have låst dem indefra. Til sidst finder de en vej ud. Lettelse skyllede over dem, da de trådte ud i den kølige natteluft.

Solen var begyndt at gå ned, og de **beklagede,** at de ikke havde taget en lommelygte med. De besluttede sig for at gå tilbage til indgangen, men fandt hurtigt ud af, at de var faret vild. De vandrede rundt i det, der føltes som timer, indtil de til sidst stødte på en dør, der førte **udenfor**. Lettethed skyllede over dem, da de trådte ud i den kølige natteluft. Næste aften sørgede de for at tage en lommelygte med sig, da de udforskede resten af slottet. De gik gennem **gården** og ned til floden, der løb bag **slottets** mure. Mens de gik rundt, begyndte de at høre mærkelige lyde. Det lød som om, at nogen fulgte efter dem. De satte farten op, men lydene blev højere og tættere. Familien løb tilbage til slottet så hurtigt de kunne, og de var lettede over at se, at skikkelsen i den **mørke** kappe ikke havde fulgt efter dem.

men rörde sig inte en tum. Det såg ut som om den som varit här tidigare måste ha gått igenom här och låst dem inifrån. Så småningom hittar de en väg ut. Lättnad sköljde över dem när de klev ut i den svala nattluften.

Solen hade börjat gå ner och de **ångrade** att de inte hade tagit med sig en ficklampa. De bestämde sig för att ta sig tillbaka till ingången, men fann sig snart vilse. De vandrade runt i vad som kändes som timmar, tills de slutligen kom till en dörr som ledde **ut**. Lättnad sköljde över dem när de klev ut i den svala nattluften. Nästa kväll såg de till att ta med sig en ficklampa när de utforskade resten av slottet. De gick genom **gården** och ner till floden som rann bakom **slottets** murar. Medan de gick runt började de höra konstiga ljud. Det lät som om någon följde efter dem. De ökade tempot, men ljuden blev högre och närmare. Familjen sprang tillbaka till slottet så fort de kunde, och de var lättade över att se att figuren i den **mörka** kappan inte hade följt efter dem.

Forståelse spørgsmål

1. Hvad gjorde familien, da de farede vild på slottet?

2. Hvordan havde familien det, da de fandt ud af, at det bare var en lokal mand?

3. Hvad gjorde manden, som fik ham arresteret?

4. Hvad var straffen for manden?

5. Hvilken støj hørte familien, mens de gik?

6. Hvor var skikkelsen i den mørke kappe, da familien så ham?

7. Hvad gjorde familien, da de kom tilbage til deres værelse?

8. Hvornår gik familien på opdagelse på slottet igen?

9. Hvad var det, som familien ikke kunne sætte fingeren på?

10. Hvad lavede familien, før de gik på opdagelse på slottet igen?

Frågor om förståelse

1. Vad gjorde familjen när de gick vilse i slottet?

2. Hur kände sig familjen när de fick reda på att det bara var en lokal man?

3. Vad gjorde mannen som gjorde att han blev arresterad?

4. Vilken var domen för mannen?

5. Vilket ljud hörde familjen när de gick?

6. Var befann sig figuren i den mörka kappan när familjen såg honom?

7. Vad gjorde familjen när de kom tillbaka till sitt rum?

8. När gick familjen på upptäcktsfärd i slottet igen?

9. Vad var det som familjen inte kunde sätta fingret på?

10. Vad gjorde familjen innan de gick på upptäcktsfärd i slottet igen?

Min have

Min have er mit lykkelige sted. Jeg går derud hver dag, uanset om det er regn eller solskin, og bruger tid på at passe mine planter. Jeg har lidt af **hvert - grøntsager**, frugt, blomster, urter. Jeg har endda et par høns, som hjælper med at holde skadedyrene på afstand. Jeg starter mine dage i haven med at samle æg fra hønsene. Derefter tjekker jeg mine grøntsager og sørger for, at de får nok vand og sol. Jeg luger bedene og fjerner alle insekter, der **angriber** planterne. Når **alt er ordnet,** læner jeg mig tilbage og nyder freden og stilheden i naturen.

Jeg har altid elsket at tilbringe tid i min have. Der er noget ved at være omgivet af naturen og al den **skønhed, som** den har at byde på. Jeg synes, at det er et meget fredeligt og beroligende sted. Jeg bruger ofte tid i min have på at slappe af og nyde landskabet. Jeg nyder også at arbejde i min have og dyrke ting. Jeg har en ret stor have, og jeg kan lide at dyrke mange **forskellige** ting i den. Jeg dyrker blomster, **grøntsager** og krydderurter. Jeg har også et par frugttræer, som producerer nogle lækre æbler, pærer og blommer. Ud over at dyrke ting nyder jeg også at bruge tid på bare at gå rundt i min have og **beundre** alle de forskellige planter og dyr, der bor her. Jeg har brugt mange timer

Min trädgård

Min trädgård är min lyckliga plats. Jag går ut dit varje dag, regn eller solsken, och ägnar tid åt att sköta mina växter. Jag har lite av **allt - grönsaker**, frukt, blommor och örter. Jag har till och med några höns som hjälper till att hålla skadedjuren borta. Jag börjar mina dagar i trädgården med att hämta ägg från hönorna. Sedan kollar jag mina grönsaker och ser till att de får tillräckligt med vatten och sol. Jag ogräsrensar rabatterna och plockar bort eventuella insekter som **angriper** växterna. När **allt är klart** sitter jag tillbaka och njuter av naturens lugn och ro.

Jag har alltid älskat att tillbringa tid i min trädgård. Det är något med att vara omgiven av naturen och all den **skönhet som** den har att erbjuda. Jag tycker att det är en mycket fridfull och lugnande plats. Jag tillbringar ofta tid i min trädgård med att bara koppla av och njuta av landskapet. Jag tycker också om att arbeta i min trädgård och odla saker. Jag har en ganska stor trädgård och jag tycker om att odla en mängd **olika** saker i den. Jag odlar blommor, **grönsaker** och örter. Jag har också några fruktträd som producerar läckra äpplen, päron och plommon. Förutom att odla saker tycker jag också om att bara gå runt i min trädgård och **beundra** alla olika växter och djur som bor där. Jag har

i årenes løb på at gøre min **have til** et sted, der ikke kun er smukt, men også funktionelt. Jeg elsker at se fuglene flyve rundt og lytte til deres sang. Nogle gange tager jeg endda en bog frem og læser i haven, mens jeg er omgivet af al den skønhed, som jeg har skabt. **Havearbejde** er min passion, og det giver mig så meget glæde. Hver dag i min have er en god dag.

En af de ting, jeg elsker at lave mad, er at lave mad, så det er meget **vigtigt** for mig at have en velassorteret urtehave. Timian, basilikum, oregano, rosmarin, salvie og lavendel er blot nogle af de krydderurter, som jeg gerne dyrker i min have, så jeg kan bruge dem, når jeg laver mad til mig selv eller til **gæster**. En anden ting, der er vigtig for mig, når det gælder min have, er at sørge for, at der er masser af farver i hele haven. For at nå dette mål dyrker jeg en lang række forskellige blomster, herunder **roser**, liljer, tusindfryd, tulipaner, impatiens, morgenfruer osv. Ud over at tilføje farve med blomster kan jeg også godt lide at skabe interesse ved at bruge forskellige **teksturer i** haven. Jeg kan f.eks. plante bregner under tårnhøje solsikker eller hostaer **ved siden af** spidse prydgræsser. Uanset hvad der ellers sker i livet, **så** hjælper arbejdet i min have mig altid med at føle mig mere forbundet med naturen og i fred med mig selv.

tillbringat många timmar under årens lopp med att göra min **trädgård** till en plats som inte bara är vacker utan också funktionell. Jag älskar att titta på fåglarna som fladdrar runt och lyssna på deras sång. Ibland tar jag till och med fram en bok och läser i trädgården medan jag är omgiven av all den skönhet som jag har skapat. **Trädgårdsarbete** är min passion och det ger mig så mycket glädje. Varje dag i min trädgård är en bra dag.

Jag älskar att laga mat och därför är det **viktigt** för mig att ha en välfylld örtträdgård. Timjan, basilika, oregano, rosmarin, salvia och lavendel är bara några av de örter som jag gillar att odla i min trädgård så att jag kan använda dem när jag lagar mat till mig själv eller till **gäster**. En annan sak som är viktig för mig när det gäller min trädgård är att se till att det finns gott om färg i hela trädgården. För att uppnå detta mål odlar jag en mängd olika blommor, bland annat **rosor**, liljor, prästkragar, tulpaner, impatiens, ringblommor osv. Förutom att ge färg med blommor gillar jag också att skapa intresse genom att använda olika **texturer i** hela trädgården. Jag kan till exempel plantera ormbunkar under höga solrosor eller hostor **tillsammans med** spetsiga prydnadsgräs. Oavsett vad som händer i livet **lyckas** arbetet i min trädgård alltid hjälpa mig att känna mig mer förknippad med naturen och känna mig i fred med mig själv.

Forståelse spørgsmål

1. Hvor ligger forfatterens have?

2. Hvor mange høns har forfatteren?

3. Hvad laver forfatteren i haven hver dag?

4. Hvorfor kan forfatteren lide haven?

5. Hvilke urter planter forfatteren i haven?

6. Hvorfor er det vigtigt for forfatteren, at der er mange farver i hans have?

7. Hvordan skaber forfatteren variation i sin have?

8. Hvordan har forfatteren det, når han arbejder i sin have?

9. Hvad får forfatteren til at føle sig forbundet, når han er i sin have?

10. Hvorfor er hver dag i forfatterens have en god dag?

Frågor om förståelse

1. Var ligger författarens trädgård?

2. Hur många höns har författaren?

3. Vad gör författaren i trädgården varje dag?

4. Varför tycker författaren om trädgården?

5. Vilka örter planterar författaren i trädgården?

6. Varför är det viktigt för författaren att det finns många färger i hans trädgård?

7. Hur skapar författaren variation i sin trädgård?

8. Hur känner sig författaren när han arbetar i sin trädgård?

9. Vad är det som gör att författaren känner sig uppslukad när han är i sin trädgård?

10. Varför är varje dag i författarens trädgård en bra dag?

På indkøb

Jeg elsker at **shoppe** i indkøbscentret. Det er altid så sjovt at gå rundt og kigge på alle de forskellige butikker. Der er noget for enhver smag i centeret, og det er altid et godt sted at finde tilbud på tøj, sko og tilbehør. Jeg **plejer at** starte min shoppingtur med at gå gennem **hovedindgangen til** centeret. Derfra går jeg først til mine yndlingsbutikker. Når jeg har kigget i disse butikker, går jeg rundt og ser, om der er udsalg andre steder. Jeg ender som regel med at bruge et par timer i indkøbscentret, før jeg endelig køber ind. Jeg kan altid godt lide at tage mig god tid, når jeg shopper, **fordi** jeg vil være sikker på, at jeg får **præcis** det, jeg ønsker. Desuden er det bare sjovere på den måde!

Jeg synes altid, det er så **fascinerende at** kigge på folk, når jeg er i indkøbscenteret. Man kan virkelig fortælle meget om en person ved at se på den måde, de handler på. Nogle mennesker er meget metodiske og tager sig god tid, mens andre bare tager **alt, hvad** de kan, og går til kassen så hurtigt som muligt. Der er også de shoppere, der virker mere interesserede i at tale i mobiltelefon eller skrive sms'er end i at se på varerne! Men uanset hvilken slags shopper du er, synes alle at nyde at shoppe i et vindue - også selv om du ikke køber noget. Der er bare noget ved at se på alle

Att shoppa

Jag älskar att **shoppa** i köpcentret. Det är alltid så roligt att gå runt och titta på alla olika butiker. Det finns något för alla i köpcentret, och det är alltid ett bra ställe att hitta erbjudanden på kläder, skor och accessoarer. Jag **brukar** börja min shoppingtur med att gå genom köpcentrets **huvudentré.** Därifrån går jag först till mina favoritbutiker. Efter att ha tittat igenom dessa butiker går jag runt och ser om det pågår någon rea på andra ställen. Det slutar oftast med att jag tillbringar ett par timmar i köpcentret innan jag slutligen gör mina inköp. Jag gillar alltid att ta god tid på mig när jag shoppar **eftersom** jag vill vara säker på att jag får **exakt** det jag vill ha. Dessutom är det bara roligare på det sättet!

Jag tycker alltid att det är så **fascinerande** att titta på folk när jag är i köpcentret. Man kan verkligen få reda på mycket om en person genom hur de handlar. Vissa människor är mycket metodiska och tar god tid på sig, medan andra bara verkar ta **allt** de kan och gå till kassan så fort som möjligt. Det finns också de shoppare som verkar mer intresserade av att prata i mobiltelefon eller sms:a än att titta på varorna! Oavsett vilken typ av shoppare du är verkar dock alla tycka om att fönstershoppa - även om du faktiskt inte köper något. Det är bara något med att titta på alla vackra saker i

de smukke ting i **butiksvinduerne, som** gør mig glad. Nogle gange fantaserer jeg om, hvordan det ville være, hvis jeg havde råd til **alt det,** jeg ser! Alt i alt er en dag i indkøbscenteret en af mine yndlingsbeskæftigelser. Det er en fantastisk måde at slappe af og slappe af på, samtidig med at man får en lille smule motion (hvis man går nok rundt). Desuden er det **altid** rart at forkæle sig selv med en ny skjorte eller et par nye sko i ny og næ!

Jeg havde haft en **lang** dag på arbejde og havde endelig lidt tid for mig selv, så jeg besluttede mig for at shoppe i centeret. Jeg havde brug for noget nyt tøj til den **kommende** sæson. Så snart jeg gik ind, så jeg alle de lyse lys og skinnende butiksfacader. Jeg gik først hen til min yndlingsbutik og begyndte at kigge i reolerne. Jeg fandt et par søde toppe og prøvede dem på i omklædningsrummet. Mens jeg så mig selv i spejlet, hørte jeg nogen komme ind i omklædningsrummet ved siden af mit. Jeg genkendte deres stemme som en af mine kolleger. Vi hilste på hinanden og begyndte at snakke om arbejdet. Efter et par minutter blev vi begge færdige og gik **hver til sit,** men løb ind i hinanden igen senere. Vi fortsatte med at snakke og indså, at vi havde mere til fælles, end vi troede. Vi drak vores drinks færdig og tog derefter hjem for natten, **udmattede** efter en lang dag med shopping, men alligevel glade for vores indkøb.

skyltfönstren som gör mig glad. Ibland fantiserar jag om hur det skulle vara om jag hade råd med **allt** jag ser! På det hela taget är en dag i köpcentret en av mina favoritsysselsättningar. Det är ett utmärkt sätt att koppla av och varva ner samtidigt som man får lite motion (om man går runt tillräckligt mycket). Dessutom är det **alltid** trevligt att unna sig en ny skjorta eller ett par skor då och då!

Jag hade haft en **lång** dag på jobbet och hade äntligen lite tid för mig själv, så jag bestämde mig för att shoppa i köpcentret. Jag behövde några nya kläder för den **kommande** säsongen. Så fort jag gick in såg jag alla ljusa lampor och glänsande skyltfönster. Jag gick först till min favoritbutik och började bläddra bland hyllorna. Jag hittade några söta toppar och provade dem i omklädningsrummet. När jag tittade på mig själv i spegeln hörde jag någon komma in i omklädningsrummet bredvid mitt. Jag kände igen rösten som en av mina medarbetare. Vi hälsade på varandra och började prata om jobbet. Efter några minuter blev vi båda färdiga och gick **skilda** vägar, men sprang på varandra igen senare. Vi fortsatte att prata och insåg att vi hade mer gemensamt än vi trodde. Vi drack färdigt våra drinkar och gick sedan hem för kvällen, **utmattade** efter en lång shoppingdag men nöjda med våra inköp ändå.

Forståelse spørgsmål

1. Hvor kan du bedst lide at opbevare dine varer?

2. Hvad er din yndlingsbutik i indkøbscenteret?

3. Hvor længe bliver du normalt i indkøbscenteret?

4. Hvad synes du om folk, der bruger meget tid i indkøbscenteret?

5. Hvad er din yndlingsaktivitet i indkøbscenteret?

6. Har du nogensinde købt noget i indkøbscentret, som du egentlig ikke havde brug for?

7. Hvordan reagerer du, når du ser noget i indkøbscentret, som du gerne vil have, men som er for dyrt?

8. Har du nogensinde set noget i indkøbscenteret og tænkt på, hvem der ville købe det?

9. Hvad mener du om folk, der har travlt med deres mobiltelefoner i indkøbscentret i stedet for at kigge i butikkerne?

Frågor om förståelse

1. Var vill du lagra mest?

2. Vilken är din favoritbutik i köpcentret?

3. Hur länge brukar du stanna i köpcentret?

4. Vad tycker du om människor som tillbringar mycket tid i köpcentret?

5. Vad är din favoritsak att göra på köpcentret?

6. Har du någonsin köpt något på köpcentret när du egentligen inte behövde det?

7. Hur reagerar du när du ser något i köpcentret som du verkligen skulle vilja ha, men som är för dyrt?

8. Har du någonsin sett något i köpcentret och undrat vem som skulle köpa det?

9. Vad tycker du om människor som är upptagna med sina mobiltelefoner i köpcentret i stället för att titta på butikerna?

På markedet

Jeg vågner tidligt lørdag morgen og er ivrig efter at komme til **markedet,** før det bliver for overfyldt. Jeg smider noget tøj på og går ud af døren og tager mine genbrugsposer med på vejen. Mens jeg går, begynder jeg at planlægge, hvad jeg vil lave til den kommende uge. Jeg ved, at jeg vil **stege** grøntsager mindst én gang, så jeg bliver nødt til at købe grøntsager af god kvalitet. Jeg vil også lave en suppe eller gryderet, så jeg skal også købe noget kød. Jeg må se, hvad der ser godt ud, når jeg kommer derhen. Markedet ligger kun et par gader væk, og jeg kan allerede se de opstillede boder og de mange **mennesker, der er på vej** rundt.

Jeg ankommer til markedet og går direkte til grøntsagsstanden. Udvalget er smukt, og jeg fylder mine poser med en række **friske** produkter. Jeg snakker lidt med landmanden, og han anbefaler mig nogle opskrifter. Jeg glæder mig til at afprøve dem. Jeg snakker med **landmændene,** mens jeg handler, og lærer dem og deres produkter at kende. Når jeg har fået alle de grøntsager, jeg har brug for, går jeg videre til kødafdelingen. Jeg er lidt mere tøvende her, da jeg ikke er sikker på, hvad jeg vil have. Jeg beslutter mig til sidst for kylling, fordi det er alsidigt og kan bruges i en række forskellige retter. Jeg køber også et par

På marknaden

Jag vaknar tidigt på lördagsmorgonen och är ivrig att ta mig till **marknaden** innan det blir för mycket folk. Jag tar på mig några kläder och går ut genom dörren och tar mina återanvändbara väskor på vägen. Medan jag går börjar jag planera vad jag vill göra för veckan som kommer. Jag vet att jag vill **steka** grönsaker minst en gång, så jag måste köpa grönsaker av god kvalitet. Jag vill också göra en soppa eller gryta, så jag måste köpa lite kött också. Jag får se vad som ser bra ut när jag kommer dit. Marknaden ligger bara några kvarter bort, och jag kan redan se hur stånden står uppställda och hur **folk** rör sig där.

Jag kommer till marknaden och går direkt till grönsaksståndet. Utbudet är vackert, och jag fyller mina påsar med en mängd olika **färska** produkter. Jag pratar med bonden en stund och han rekommenderar mig några recept. Jag är förväntansfull och vill prova dem. Jag pratar med **jordbrukarna** medan jag handlar och lär känna dem och deras produkter. När jag har alla grönsaker jag behöver går jag vidare till köttavdelningen. Jag är lite mer tveksam här, eftersom jag inte är säker på vad jag vill köpa. Till slut bestämmer jag mig för kyckling eftersom det är mångsidigt och kan användas i en mängd olika rätter. Jag köper också

forskellige udskæringer af kød og sørger for at få græsfodret oksekød og fritgående **kylling**. Slagteren var en venlig mand, der altid var glad på trods af de lange arbejdstider. Han pakkede mine kyllingebryster og bøffer ind, inden han snakkede med mig om sine planer for weekenden. Jeg sagde farvel til ham og fortsatte min vej. Jeg købte også nogle æg og ost i mejeriafdelingen.

Markedet var fyldt med mennesker, som alle var ivrige efter at få **fingrene i** de friske råvarer og det kød, der blev tilbudt. Luften var tyk af duft af hvidløg og løg, og lyden af latter og samtaler fyldte luften. Jeg banede mig vej gennem mængden og valgte de andre varer, jeg skulle bruge til min ugentlige indkøb. Jeg fyldte min **kurv** med frugt og grøntsager, pasta og brød, inden jeg gik til kassen. Køen var lang, men den gik hurtigt. Endelig var de sidste **varer** købt ind, og det var tid til at tage hjem. Bilen blev læsset, og køreturen hjem var lang og kedelig. Trafikken var tæt, og varmen var trykkende. Endelig kørte bilen ind i indkørslen, og lettelsen var mærkbar. Huset var køligt og roligt, og det var et fristed efter markedets trav**lhed** og travlhed. Alt blev pakket væk, og huset var snart tilbage til den sædvanlige ro og fred. Jeg havde alt, hvad jeg havde brug for til at lave nogle **lækre** måltider til mig selv og min familie. Det var godt at være hjemme.

några olika köttstycken och ser till att få gräsbetat nötkött och frigående **kyckling**. Slaktaren var en vänlig man som alltid var glad trots de långa arbetsdagarna. Han lindade in mina kycklingbröst och min biff innan han pratade med mig om sina helgplaner. Jag tog farväl av honom och fortsatte min väg. Jag tog också några ägg och ost från mejeriavdelningen.

Marknaden var full av människor som alla var ivriga att få **tag på de** färska råvaror och det kött som erbjöds. Luften var tjock av lukten av vitlök och lök och ljudet av skratt och samtal fyllde luften. Jag tog mig fram genom folkmassan och plockade ut de andra varor som jag behövde till min veckoaffär. Jag fyllde min **korg** med frukt och grönsaker, pasta och bröd innan jag gick till kassan. Kön var lång, men den gick snabbt. Till slut var de sista **matvarorna** inköpta och det var dags att åka hem. Bilen lastades och körningen hem var lång och tråkig. Trafiken var tung och värmen var tryckande. Till slut körde bilen in på uppfarten och lättnaden var påtaglig. Huset var svalt och tyst och det var en fristad efter marknadens liv och rörelse. Allting ställdes undan och huset var snart tillbaka till sin vanliga lugn och ro. Jag hade allt jag behövde för att laga några **goda** måltider till mig själv och min familj. Det var skönt att vara hemma.

Forståelse spørgsmål

1. Hvor skal personen hen?

2. Hvad ønsker personen at købe?

3. Hvor mange tasker har personen?

4. Hvor langt væk er markedet?

5. Hvad laver personen lige nu?

6. Hvad er alt på markedet?

7. Hvor mange mennesker er der på markedet?

8. Hvor lang tid tog det personen at købe det hele?

9. Hvordan tog personen hjem?

10. Hvad gjorde personen, da han eller hun kom hjem?

Frågor om förståelse

1. Vart är personen på väg?

2. Vad vill personen köpa?

3. Hur många väskor har personen?

4. Hur långt bort ligger marknaden?

5. Vad gör personen just nu?

6. Vad är allt på marknaden?

7. Hur många personer finns på marknaden?

8. Hur lång tid tog det för personen att köpa allt?

9. Hur åkte personen hem?

10. Vad gjorde personen när han eller hon kom hem?

På en café

Det var en kølig efterårsmorgen, og jeg havde aftalt at mødes med min veninde Lily på vores yndlingscafé for at drikke en kop kaffe. Jeg pakkede mig varmt ind i min frakke og mit tørklæde og tog af sted. Bladene var ved at falde af træerne, og luften havde et lille nip i sig, men solen skinnede, og det lovede at blive en smuk dag. Mens jeg gik, **tænkte** jeg på, hvor godt det var at have en veninde som Lily. Vi havde været venner i årevis, lige siden vi mødtes på **universitetet**. Vi var blevet knyttet sammen over vores kærlighed til kaffe og til at snakke på caféer. Selv om vi nu boede i forskellige dele af byen, lykkedes det os stadig at mødes til kaffe en gang om ugen. Jeg ankom til caféen, og Lily var der allerede og ventede på mig. Vi hilste på hinanden og bestilte derefter vores kaffe. Vi fandt et bord ved vinduet og satte os ned for at snakke. **Kaffen** var som altid lækker, og det var så dejligt at snakke med Lily. Vi talte om vores uge, vores job og vores planer for fremtiden. Det var altid så let at tale med Lily, og jeg følte, at jeg kunne fortælle hende alt. Efter et stykke tid begyndte vi at blive sultne og **besluttede os for** at bestille noget mad.

Vi **bestilte** vores mad og fandt en plads ved vinduet. Solen skinnede ind gennem vinduet og fik alt til at føles

På ett café

Det var en kylig höstmorgon och jag hade bestämt mig för att träffa min vän Lily på vårt favoritkafé för att ta en kaffe. Jag svepte in mig varmt i min kappa och halsduk och gick iväg. Löven höll på att falla från träden och luften hade en liten gnutta, men solen sken och det lovade att bli en vacker dag. Medan jag gick **tänkte** jag på hur bra det var att ha en vän som Lily. Vi hade varit vänner i flera år, ända sedan vi träffades på **universitetet**. Vi hade knutit band till varandra genom vår kärlek till kaffe och genom att tillbringa tid med att prata på kaféer. Även om vi nu bodde i olika delar av staden lyckades vi fortfarande träffas på kaffe en gång i veckan. Jag kom till caféet och Lily var redan där och väntade på mig. Vi kramade varandra hej och beställde sedan våra kaffesorter. Vi hittade ett bord vid fönstret och slog oss ner för att prata. **Kaffet** var utsökt, som alltid, och det var så trevligt att prata med Lily. Vi pratade om vår vecka, våra jobb och våra planer för framtiden. Det var alltid så lätt att prata med Lily och det kändes som om jag kunde berätta allt för henne. Efter ett tag började vi bli hungriga och **bestämde oss för att** beställa lite mat.

Vi **beställde** vår mat och hittade en plats vid fönstret. Solen sken in genom fönstret och fick allt att kännas

varmt og lykkeligt. Vi sludrede, mens vi spiste vores mad og nød den simple glæde ved at være i hinandens **selskab**. Der var travlt på caféen, men den føltes ikke overfyldt. Der var en følelse af fred og tilfredshed i luften. Da vi var færdige med vores mad, sad vi et stykke tid endnu og nød den fredelige **atmosfære**. Vi talte i et stykke tid om forskellige ting, der var sket i vores liv. Det var så dejligt at snakke med min veninde og bare **slappe af**. Solen skinnede gennem vinduet, og det føltes som om **intet** kunne ødelægge vores perfekte dag.

Pludselig hørte jeg et højt brag. Jeg vendte mig om og så, at en mand var faldet gennem loftet og lå på gulvet foran os. Han var **dækket af** støv og vragrester og så ud til at være bevidstløs. Min ven og jeg var begge i chok, mens vi stirrede på manden, der lå på gulvet. Vi vidste ikke, hvad vi skulle gøre, eller hvem vi skulle ringe efter hjælp. Vi sad bare der og stirrede på ham, uden at vide, hvad vi skulle gøre. Efter et par minutter kom jeg ud af mig selv og ringede 112. Operatøren fortalte mig, at der snart ville være nogen på stedet. Jeg lagde røret på og fortalte min veninde, hvad **telefonisten** havde sagt. Vi sad begge bare der og ventede på, at hjælpen skulle komme. Det føltes som en evighed, men til sidst **dukkede** en ambulance op. Ambulancefolkene skyndte sig ind og begyndte at arbejde på manden. De konstaterede hurtigt, at han var kommet til skade og skulle bringes på **hospitalet**.

varmt och glatt. Vi pratade medan vi åt vår mat och njöt av det enkla nöjet att vara i varandras **sällskap**. Caféet var upptaget, men det kändes inte trångt. Det fanns en känsla av frid och tillfredsställelse i luften. När vi hade ätit upp vår mat satt vi en stund till och njöt av den fridfulla **atmosfären**. Vi pratade en stund om olika saker som hade hänt i våra liv. Det var så skönt att få prata med min vän och bara **slappna av**. Solen sken genom fönstret och det kändes som om **ingenting** kunde förstöra vår perfekta dag.

Plötsligt hörde jag en hög ljudlig krasch. Jag vände mig om och såg att en man hade fallit genom taket och låg på golvet framför oss. Han var **täckt av** damm och skräp och verkade vara medvetslös. Min vän och jag var båda i chock när vi stirrade på mannen som låg på golvet. Vi visste inte vad vi skulle göra eller vem vi skulle ringa efter hjälp. Vi satt bara där och stirrade på honom utan att veta vad vi skulle göra. Efter några minuter kom jag till mig själv och ringde 112. Operatören sa till mig att någon skulle vara där snart. Jag lade på luren och berättade för min vän vad **operatören** hade sagt. Vi båda satt bara där och väntade på att hjälpen skulle komma. Det kändes som en evighet, men till slut **kom** en ambulans. Ambulanspersonalen rusade in och började arbeta med mannen. De konstaterade snabbt att han var skadad och behövde föras till **sjukhus**.

Forståelse spørgsmål

1. Hvor kommer manden, der falder gennem taget, fra?

2. Hvorfor er kvinden sammen med sin veninde på caféen?

3. Hvad er de to venners yndlingscafé?

4. Hvor længe har de to venner kendt hinanden?

5. Hvad er de to venners yndlingsdrink?

6. I hvilken by bor de to venner?

7. Hvor ofte mødes de to venner?

8. Hvad taler de to venner om, da de først mødes på deres yndlingscafé?

9. Hvad er de to venners yndlingsmad?

10. Hvorfor er det så nemt at tale med Lily?

Frågor om förståelse

1. Varifrån kommer mannen som faller genom taket?

2. Varför är kvinnan med sin väninna på kaféet?

3. Vilket är de två vännernas favoritkafé?

4. Hur länge har de två vännerna känt varandra?

5. Vad är de två vännernas favoritdryck?

6. I vilken stad bor de två vännerna?

7. Hur ofta träffas de två vännerna?

8. Vad pratar de två vännerna om när de först träffas på sitt favoritkafé?

9. Vad är de två vännernas favoritmat?

10. Varför är det så lätt att prata med Lily?

Svømning

Poolen var altid et **forfriskende** sted at være, og i dag var det ikke anderledes. Solen skinnede, og vandet så indbydende ud. Jeg tog en dyb indånding og dykkede i vandet og følte vandets kølige favntag. Jeg svømmede omgange i et stykke tid og nød motionen og muligheden for at få renset mit hoved. Efter et stykke tid kom jeg ud og tørrede mig, hvorefter jeg satte mig på et håndklæde for at slappe af i solen. Jeg lukkede øjnene og lod **varmen** skyllede ind over mig og mærkede, hvordan mine muskler begyndte at slappe af. Pludselig hørte jeg et plask og åbnede øjnene for at se min lillesøster **padle** rundt i den lave ende. Jeg smilede og betragtede hende et stykke tid, så rejste jeg mig op og gik hen til hende. Vi sludrede lidt og padlede rundt sammen og nød hinandens selskab. Snart sluttede vores forældre sig til os, og vi tilbragte resten af eftermiddagen med at svømme og spille spil sammen. Det var altid så hyggeligt at tilbringe tid med familien i poolen. Der er **noget** ved at være i vandet, der bare synes at bringe folk sammen. Måske er det fordi vi alle er lige, når vi er i vandet - vi kan ikke skjule vores fejl eller lade som om, vi er noget, vi ikke er. Eller måske er det bare fordi det er sjovt! **Uanset hvad** grunden er, var jeg bare glad for, at vi alle kunne mødes og nyde hinandens selskab på et så specielt sted.

Att simma

Poolen var alltid en **uppfriskande** plats att vara på, och idag var det inte annorlunda. Solen sken och vattnet såg inbjudande ut. Jag tog ett djupt andetag och dök ner och kände vattnets svala omfamning. Jag simmade varv ett tag och njöt av motionen och chansen att rensa huvudet. Efter en stund gick jag ut och torkade mig, och satte mig sedan på en handduk för att slappna av i solen. Jag slöt ögonen och lät **värmen** skölja över mig och kände hur mina muskler började slappna av. Plötsligt hörde jag ett plask och öppnade ögonen för att se min lillasyster **paddla** runt i den grunda delen. Jag log och tittade på henne en stund, sedan reste jag mig upp och gick över till henne. Vi pratade lite och paddlade runt tillsammans och njöt av varandras sällskap. Snart anslöt sig våra föräldrar till oss och vi tillbringade resten av eftermiddagen med att simma och spela spel tillsammans. Det var alltid så trevligt att tillbringa tid med familjen vid poolen. Det är **något** med att vara i vattnet som bara verkar föra människor samman. Kanske beror det på att vi alla är lika när vi är i vattnet - vi kan inte dölja våra brister eller låtsas vara något vi inte är. Eller kanske är det bara för att det är roligt! **Oavsett vad** anledningen är så var jag bara glad att vi alla kunde samlas och njuta av varandras sällskap på en så speciell plats.

Solen stod ned på min hud, og luften lugtede af klorin. Jeg kunne høre lyden af børn, der grinede og plaskede rundt i poolen. Jeg lå på en liggestol ved siden af poolen og nød solen og **nød** dagen. Jeg havde lukket øjnene og var lige ved at falde i søvn, da jeg hørte nogen komme hen til mig. Jeg åbnede mine øjne og så en kvinde stå ved siden af mig. Hun var iført en bikini og havde et håndklæde viklet rundt om livet. Hun havde langt blondt hår og blå øjne. Hun holdt en flaske **solcreme i** hånden. “Har du noget imod, at jeg smører noget solcreme på din ryg?” spurgte hun. “Nej, det er helt fint,” sagde jeg og satte mig op, så hun kunne nå min ryg. Jeg mærkede hendes hænder på min hud, da hun påførte solcremen.

Hendes berøring var blid, og duften af solcreme var beroligende. Jeg lukkede øjnene igen og lod mig selv slappe af. Jeg kunne høre **lyden** af hendes bevægelser, men jeg åbnede ikke øjnene. Jeg var tilfreds med bare at ligge der i solen og lytte til lyden af bølgernes **brusen** mod kysten. Efter et par minutter gik hun væk, og jeg åbnede øjnene. Jeg så på hende, da hun gik tilbage til sin liggestol og tog sin bog op. Hun satte sig i stolen og begyndte at læse. Jeg lukkede øjnene igen og lod mig falde i søvn. Jeg **drømte**, at jeg svømmede i poolen og svømmede en tur frem og tilbage. Vandet var forfriskende og køligt på min hud.

Solen slog ner på min hud och lukten av klorin låg i luften. Jag kunde höra ljudet av barn som skrattade och plaskade runt i poolen. Jag låg på en solstol vid poolen och njöt av solen och **njöt av** dagen. Jag hade ögonen stängda och skulle precis somna när jag hörde någon komma fram till mig. Jag öppnade ögonen och såg en kvinna stå bredvid mig. Hon hade en bikini på sig och en handduk lindad runt midjan. Hon hade långt blont hår och blå ögon. Hon höll en flaska **solkräm i** handen. "Har du något emot att jag smörjer in din rygg med solkräm?" frågade hon. "Nej, det är okej", sa jag och satte mig upp så att hon kunde nå min rygg. Jag kände hennes händer på min hud när hon applicerade solkrämen.

Hennes beröring var mild och doften av solkrämen var lugnande. Jag slöt ögonen igen och lät mig slappna av. Jag kunde höra **ljudet av att** hon rörde sig, men jag öppnade inte ögonen. Jag var nöjd med att bara ligga där i solen och lyssna på ljudet av vågorna **som slog** mot stranden. Efter några minuter gick hon iväg och jag öppnade ögonen. Jag tittade på henne när hon gick tillbaka till sin solstol och plockade upp sin bok. Hon satte sig i stolen och började läsa. Jag slöt ögonen igen och lät mig glida in i sömnen. Jag **drömde** att jag simmade i poolen och gjorde varv fram och tillbaka. Vattnet var uppfriskande och svalkande på min hud.

Forståelse spørgsmål

1. Hvor befandt fortælleren sig, da han begyndte historien?

2. Hvad lugter fortælleren, når han åbner øjnene?

3. Hvad hører fortælleren, da han åbner øjnene?

4. Hvis solcreme giver kvinden fortælleren?

5. Hvad drømmer fortælleren om?

6. Hvorfor er det så specielt for fortælleren at svømme i havet?

7.Hvordan føles det vand, som fortælleren svømmer i?

8. Hvad ser fortælleren, da han kommer op af vandet?

9. Hvad gør kvinden, efter at hun har smurt fortælleren med solcreme?

10. Hvad taler fortælleren og kvinden om i slutningen af historien?

Frågor om förståelse

1. Var befann sig berättaren när han började berättelsen?

2. Vad luktar berättaren när han öppnar ögonen?

3. Vad hör berättaren när han öppnar ögonen?

4. Vems solkräm ger kvinnan berättaren?

5. Vad drömmer berättaren om?

6. Varför är det så speciellt för berättaren att simma i havet?

7.Hur känns vattnet som berättaren simmar i?

8. Vad ser berättaren när han kommer upp ur vattnet?

9. Vad gör kvinnan efter att hon har smörjt in berättaren med solkräm?

10. Vad pratar berättaren och kvinnan om i slutet av berättelsen?

Slåning af græsplænen

Klokken er 10 om morgenen en **lørdag om** sommeren, og solen skinner allerede ubarmhjertigt ned. Du går ud i garagen for at hente plæneklipperen og føler, at du er **dømt** til hårdt arbejde. Du begynder at slå græsplænen og sørger for at køre stille og roligt, så du ikke overser nogen steder. Mens du slår græsplænen, tænker du på, hvor godt det føles at være udenfor i den friske luft. Da du begynder at skubbe plæneklipperen frem og tilbage over plænen, ser du din nabo i **øjenkrogen**. Du vinker og siger hej, og han vinker tilbage.

Efter et par minutter er du færdig, og du går over til din nabo for at drikke en øl med ham i forhaven. Det er en **perfekt** dag - ikke for varmt, og der blæser en let brise. Du sidder i træets skygge og drikker din øl og snakker med din nabo. Det er dage som disse, der får dig til at sætte pris på sommeren. Så **går** man indenfor og får sig en velfortjent øl. Du falder ned i en stol på verandaen og åbner dåsen og udstøder et tilfreds suk. Lyden af plæneklipperen forsvinder i baggrunden, mens du slapper af i skyggen og nyder øjeblikkets **fred.** Øllen smager ekstra godt efter alt det hårde arbejde i varmen. Jeg var ved at gå indenfor, da jeg hørte en lyd ved

Klippning av gräsmattan

Klockan är 10 på förmiddagen en **sommarlördag och** solen slår redan obarmhärtigt ner. Du går ut i garaget för att hämta gräsklipparen och känner att du är **dömd** till hårt arbete. Du börjar klippa gräsmattan och ser till att gå lugnt och sakta så att du inte missar några ställen. Medan du klipper tänker du på hur bra det känns att vara ute i den friska luften. När du börjar skjuta gräsklipparen fram och tillbaka över gräsmattan ser du din granne ur **ögonvrån**. Du vinkar och säger hej, och han vinkar tillbaka.

Efter några minuter är du klar och går till din granne för att ta en öl med honom i trädgården. Det är en **perfekt** dag - inte för varmt, med en lätt bris som blåser. Du sitter där i skuggan av trädet, dricker din öl och pratar med din granne. Det är sådana här dagar som gör att man uppskattar sommaren. Sedan **går** du in och tar en välförtjänt öl. Du slår dig ner i en stol på verandan, öppnar burken och suckar nöjt. Ljudet från gräsklipparen försvinner i bakgrunden medan du slappnar av i skuggan och njuter av stundens **lugn.** Ölet smakar extra gott efter allt hårt arbete i värmen. Jag skulle just gå in när jag hörde ett ljud i grannhuset.

siden af.

Det **ød,** som om nogen græd. Jeg stoppede med at slå græs og gik hen til hegnet, der adskilte vores haver. Jeg kiggede over og så min nabo, Mrs. Johnson, grædende på sin gynge på verandaen. Jeg råbte til hende, men hun hørte mig ikke. Jeg klatrede over hegnet og gik hen til hende. "Mrs. Johnson, er du okay?" spurgte jeg. Hun kiggede op på mig med tårer i øjnene og rystede på hovedet. "Nej, jeg er ikke okay," sagde hun. "Min kat døde i går." Jeg var chokeret. Jeg vidste ikke, hvad jeg skulle sige. Jeg stod bare akavet der og vidste ikke, hvad jeg skulle gøre. Til sidst lagde jeg min hånd på hendes **skulder** og sagde: "Det er jeg ked af, fru Johnson. Hvis der er noget, jeg kan gøre for at hjælpe, så sig til. " Hun rystede på hovedet og sagde: "Nej, der er **ikke noget,** nogen kan gøre." Så rejste hun sig op og gik ind i sit hus. Jeg stod der et øjeblik og vidste ikke, hvad jeg skulle gøre. Så gik jeg tilbage til at slå min græsplæne. Da jeg blev færdig, kunne jeg ikke lade være med at tænke på fru Johnson og hendes kat.

Det **lät** som om någon grät. Jag slutade klippa och gick över till staketet som skiljde våra trädgårdar åt. Jag tittade över och såg min granne, Mrs Johnson, gråta på sin verandagunga. Jag ropade på henne, men hon hörde mig inte. Jag klättrade över staketet och gick över till henne. “Mrs Johnson, mår ni bra?” Jag frågade. Hon tittade upp på mig med tårar i ögonen och skakade på huvudet. “Nej, jag mår inte bra”, sade hon. “Min katt dog i går.” Jag blev chockad. Jag visste inte vad jag skulle säga. Jag stod bara där obekvämt och visste inte vad jag skulle göra. Till slut lade jag min hand på hennes **axel** och sa: “Jag är så ledsen, mrs Johnson. Om det finns något jag kan göra för att hjälpa till, så säg till. “ Hon skakade på huvudet och sa: “Nej, det finns **ingenting som** någon kan göra”. Sedan reste hon sig upp och gick in i sitt hus. Jag stod där en stund och visste inte vad jag skulle göra. Sedan gick jag tillbaka till att klippa min gräsmatta. När jag blev klar kunde jag inte låta bli att tänka på Mrs Johnson och hennes katt.

Forståelse spørgsmål

1. Hvad er klokken?

2. Hvor er den person, der slår græs?

3. Hvordan har personen det?

4. Hvorfor skal personen klippe langsomt?

5. Hvilken slags vejr er det?

6. Hvad laver personen efter græsslåning?

7. Hvad hører personen, før han går hjem?

8. Hvem er sammen med fru Johnson?

9. Hvorfor græder fru Johnson?

10. Hvad siger personen til fru Johnson?

Frågor om förståelse

1. Vad är klockan?

2. Var är personen som klipper?

3. Hur känner sig personen?

4. Varför måste personen klippa långsamt?

5. Vad är det för väder?

6. Vad gör personen efter klippningen?

7. Vad hör personen innan han går hem?

8. Vem är med fru Johnson?

9. Varför gråter fru Johnson?

10. Vad säger personen till fru Johnson?

Få en klipning

Jeg havde i ugevis haft lyst til at blive klippet, men på en eller anden måde havde jeg altid udskudt det. Men da **julen stod for** døren, vidste jeg, at jeg ikke kunne udsætte det længere. Jeg ville ikke møde op til familiens julemiddag og ligne et sjusket rod. Så tidligt julemorgen tog jeg til salonen. Selv om det var tidligt, var salonen allerede optaget af andre mennesker, der **fik** ordnet deres hår i anledning af julen. Jeg satte mig i køen og ventede på min tur. Endelig var det min tur til at sætte mig i stolen. Stylisten, en venlig kvinde ved navn Jill, spurgte mig, hvad jeg ville have. “Bare en trimning, ikke noget drastisk,” svarede jeg. Jill gik i gang og klippede mit hår. Mens hun arbejdede, begyndte jeg at slappe af. Det føltes godt at jeg endelig tog mig af mig selv. Jeg havde haft så travlt på det seneste med at løbe rundt og tage mig af alle andre, at jeg havde ladet mine egne behov gå i glemmebogen. Men ikke **længere**. Fra nu af ville jeg tage mig tid til mig selv.

Da Jill var færdig, kiggede jeg mig i spejlet og var tilfreds med det, jeg så. Mit hår så pænt og poleret ud - perfekt til feriesamtaler. Jeg **takkede** Jill og skrev en **mental** note om at komme tilbage oftere. Fra nu af vil jeg først og fremmest tage mig af mig selv. Hun gik i gang med at klippe mit hår. Jeg tænkte på, hvor

Att klippa sig

Jag hade tänkt klippa mig i flera veckor, men på något sätt lyckades jag alltid skjuta upp det. Men med **julen** runt hörnet visste jag att jag inte kunde skjuta upp det längre. Jag ville inte dyka upp till familjens julmiddag och se ut som en slarvig röra. Så tidigt på juldagsmorgonen begav jag mig till salongen. Trots att det var tidigt var salongen redan upptagen med andra människor som **skulle** fixa håret inför julen. Jag tog plats i kön och väntade på min tur. Slutligen var det min tur i stolen. Stylisten, en vänlig kvinna vid namn Jill, frågade mig vad jag ville ha. "Bara en trimning, inget alltför drastiskt", svarade jag. Jill började arbeta och klippte bort mitt hår. Medan hon arbetade började jag slappna av. Det kändes bra att äntligen ta hand om mig själv. Jag hade varit så upptagen den senaste tiden, jag hade sprungit runt och tagit hand om alla andra, att jag hade låtit mina egna behov falla bort. Men inte **längre**. Från och med nu skulle jag ta mig tid för mig själv.

När Jill var klar tittade jag mig i spegeln och var nöjd med vad jag såg. Mitt hår såg snyggt och polerat ut - perfekt för semestermöten. Jag **tackade** Jill och gjorde en **mental** anteckning om att komma tillbaka oftare. Från och med nu kommer jag att ta hand om mig själv först och främst. Hon började arbeta med att klippa

taknemmelig jeg var for, at jeg endelig havde fået tid til at blive klippet. Det føltes godt at vide, at jeg ville se præsentabel ud til **julemiddagen**. Jeg ville ikke længere skulle bekymre mig om, at min familie ville drille mig med mit "sjuskede" udseende. Efter et par minutter var stylisten færdig med at klippe mit hår og gav mig en hurtig føntørring. Jeg kiggede mig i spejlet og var tilfreds med det, jeg så - et rent og pænt look, som ville være perfekt til julemiddagen. Nu hvor min klipning var overstået, kunne jeg koncentrere mig om at nyde ferien med min familie. Og det var jeg endnu mere taknemmelig for.

Det føltes så **befriende,** og jeg elskede den måde, min nye frisure så ud på. Da jeg havde betalt for min klipning, tog jeg hjem og begyndte at pakke til min rejse. Jeg **kunne ikke** vente med at vise mit nye look frem til min familie og venner. Jeg vidste, at de ville blive overraskede, når de så mig. På dagen for min flyrejse ankom jeg til lufthavnen med god tid til overs. Jeg gik igennem sikkerhedskontrollen uden problemer, og snart var jeg på vej. Så snart jeg ankom til min destination, kunne jeg mærke spændingen i luften. Julen var helt sikkert i luften! Min familie var der for at hilse på mig i lufthavnen, og de var alle forundrede over min nye frisure. Vi tilbragte de næste par dage med at snakke **sammen** og nyde hinandens **selskab**. Juleaftensdag gik vi alle sammen i kirke og sang julesange. Det var en perfekt ferie.

mitt hår. Jag tänkte på hur tacksam jag var för att jag äntligen hade hunnit klippa mig. Det kändes bra att veta att jag skulle se presentabel ut till **julmiddagen**. Jag skulle inte längre behöva oroa mig för att min familj skulle retas med mig om mitt "slarviga" utseende. Efter några minuter var stylisten klar med att klippa mitt hår och gav mig en snabb föning. Jag tittade i spegeln och var nöjd med vad jag såg - en ren frisyr som skulle passa perfekt till julmiddagen. Nu när min klippning var avklarad kunde jag fokusera på att njuta av julen med min familj. Och det var jag ännu mer tacksam för.

Det kändes så **befriande** och jag älskade hur min nya frisyr såg ut. När jag hade betalat för frisyren gick jag hem och började packa för min resa. Jag **kunde inte** vänta med att visa upp min nya look för min familj och mina vänner. Jag visste att de skulle bli förvånade när de såg mig. På dagen för mitt flyg anlände jag till flygplatsen med gott om tid över. Jag gick igenom säkerhetskontrollen utan några problem och snart var jag på väg. Så snart jag kom fram till min destination kunde jag känna spänningen i luften. Julen låg definitivt i luften! Min familj var där för att välkomna mig på flygplatsen, och de var alla förvånade över min nya frisyr. Vi tillbringade de närmaste dagarna med att **prata** och njuta av varandras **sällskap**. På julafton gick vi alla till kyrkan tillsammans och sjöng julsånger. Det var en perfekt semester.

Forståelse spørgsmål

1. Hvad skulle hovedpersonen gøre inden jul?

2. Hvordan havde hovedpersonen det med at tage sig af sig selv?

3. Hvem klippede hovedpersonens hår?

4. Hvorfor ville hovedpersonens familie drille hende?

5. Hvordan følte hovedpersonen sig efter at have fået klippet sit hår?

6. Hvad gjorde hovedpersonen efter at have fået klippet sit hår?

7. Hvad var hovedpersonens families reaktion på hendes klipning?

8. Hvad lavede hovedpersonen juleaften?

9. Hvad gjorde hovedpersonens oplevelse mere speciel?

10. Hvad ville der ske, hvis hovedpersonen ikke blev klippet?

Frågor om förståelse

1. Vad måste huvudpersonen göra före jul?

2. Hur kände huvudpersonen för att ta hand om sig själv?

3. Vem klippte huvudpersonens hår?

4. Varför skulle huvudpersonens familj retas med henne?

5. Hur kände sig huvudpersonen efter att ha klippt sig?

6. Vad gjorde huvudpersonen efter att ha klippt sig?

7. Hur reagerade huvudpersonens familj på hennes frisyr?

8. Vad gjorde huvudpersonen på julafton?

9. Vad gjorde huvudpersonens upplevelse mer speciell?

10. Vad skulle hända om huvudpersonen inte klippte sig?

Parken

Solen var ved at gå ned, og parken var tom. Jeg sad på bænken og ventede på min **ven**. Vi havde planlagt at mødes her for en time siden, men hun kom altid for sent. Lige da jeg var ved at give op og gå hjem, så jeg hende løbe hen imod mig. "Jeg er så ked af det," gispede hun, da hun nåede frem til bænken. "Mit tog blev **forsinket**." "Det er i orden," sagde jeg **tilgivende**. "Jeg er selv lige kommet." Vi satte os ned og snakkede lidt og fik snakket lidt om hinandens liv, siden vi sidst mødtes. Samtalen flød **let,** og det føltes, som om der slet ikke var gået nogen tid, siden vi sidst så hinanden. Da solen gik ned, tog vi afsked og gik hver til sit. Næste gang vi mødtes, var det i en anden park. Igen var hun sent på den, men det gjorde mig ikke noget. Det var rart at have nogen at tale med, som **forstod** mig. Vi talte om vores drømme og **ambitioner,** om ting, vi ville gøre med vores liv. Hun fortalte mig om sine planer om at rejse rundt i verden, og jeg delte min drøm om at blive forfatter. Da solen gik ned på endnu en dag, sagde vi farvel endnu en gang og lovede at holde kontakten denne gang.

Årene gik, og vores **venskab** var stadig stærkt, selv om vi nu boede i forskellige dele af landet. Vi holdt kontakten gennem breve og lejlighedsvise telefonopkald, hvor vi delte nyheder om vores liv med

Parken

Solen höll på att gå ner och parken var tom. Jag satt på bänken och väntade på min **vän**. Vi hade planerat att träffas här för en timme sedan, men hon var alltid sen. Precis när jag höll på att ge upp och gå hem såg jag henne springa mot mig. "Jag är så ledsen", flämtade hon när hon kom fram till bänken. "Mitt tåg blev **försenat.**" "Det är okej", sa jag **förlåtande**. "Jag kom precis hit själv." Vi satte oss ner och pratade en stund och berättade om varandras liv sedan vi träffades senast. Samtalet flöt **lätt** och det kändes som om det inte hade gått någon tid alls sedan vi sågs sist. När solen gick ner tog vi farväl och gick skilda vägar. Nästa gång vi träffades var det i en annan park. Återigen var hon sen, men det gjorde inget. Det var skönt att ha någon att prata med som **förstod** mig. Vi pratade om våra drömmar och **ambitioner,** saker vi ville göra med våra liv. Hon berättade om sina planer på att resa runt i världen, och jag delade med mig av min dröm om att bli författare. När solen gick ner på en annan dag tog vi farväl ännu en gång och lovade att hålla kontakten den här gången.

Åren gick, och vår **vänskap** förblev stark även om vi nu bodde i olika delar av landet. Vi höll kontakten genom brev och tillfälliga telefonsamtal och delade nyheter från våra liv med varandra. När hon meddelade

hinanden. Da hun meddelte, at hun skulle giftes, var jeg ikke **overrasket** - hun havde altid været den **eventyrlystne** type. Men da hun spurgte mig, om jeg ville være hendes brudepige ved hendes bryllupsceremoni, der fandt sted på den anden side af jorden fra hvor jeg boede... det krævede noget overtalelse! I sidste ende kunne jeg dog ikke lade min bedste veninde blive gift uden mig ved hendes side, så på trods af min frygt (og efter mange bønner fra hende!) **gik** jeg med til at tage med på det, der viste sig at blive et af sit livs **eventyr.**

Bryllupsdagen kom endelig. Jeg var nervøs, men spændt på at være en del af et så vigtigt øjeblik i min venindes liv. Ceremonien var smuk, og hun så glad ud, da hun afgav sine løfter. **Bagefter** fejrede vi det med en stor fest - det virkede som om alle, hun kendte, var kommet for at fejre med hende! Det var en **magisk** dag, som jeg aldrig vil glemme, og vores venskab blev kun stærkere efter dette eventyr. Nu, mange år senere, holder vi stadig kontakten. Vi har begge **ændret os** meget, siden vi mødtes første gang, men vores venskab er lige så stærkt som nogensinde. Hver gang vi mødes - uanset om det er i en park eller på den **anden side af** jorden - føles det, som om der slet ikke er gået nogen tid.

att hon skulle gifta sig blev jag inte **förvånad** - hon hade alltid varit den **äventyrliga** typen. Men när hon frågade mig om jag ville vara hennes hedersbrudtärna vid hennes bröllopsceremoni som ägde rum på andra sidan jordklotet från där jag bodde... det krävdes en del övertalning! I slutändan kunde jag dock inte låta min bästa väninna gifta sig utan mig vid hennes sida, så trots mina farhågor (och efter mycket bön från henne!) **gick** jag **med på** att följa med på vad som visade sig bli sitt livs **äventyr.**

Bröllopsdagen kom äntligen. Jag var nervös, men glad över att få vara en del av ett så viktigt ögonblick i min väns liv. Ceremonin var vacker och hon såg lycklig ut när hon avgav sina löften. **Efteråt** firade vi med en stor fest - det verkade som om alla hon kände hade kommit för att fira med henne! Det var en **magisk** dag som jag aldrig kommer att glömma, och vår vänskap blev bara starkare efter detta äventyr. Nu, flera år senare, håller vi fortfarande kontakten. Vi har båda **förändrats** mycket sedan vi träffades första gången, men vår vänskap är lika stark som någonsin. När vi träffas - oavsett om det är i en park eller på **andra sidan** jorden - känns det som om ingen tid har gått alls.

Forståelse spørgsmål

1. Hvor mødtes forfatteren og hendes veninde første gang?

2. Hvorfor kom forfatterens ven for sent til deres møde?

3. Hvad talte vennerne om, da de mødtes igen flere år senere?

4. Hvordan havde forfatteren det med at deltage i sin venindes bryllupsceremoni?

5. Beskriv rammerne for bryllupsceremonien.

6. Hvordan har venskabet mellem de to kvinder ændret sig med tiden?

7. Hvad er forfatterens drøm?

8. Hvor vil forfatterens ven rejse hen?

9. Hvorfor tøvede forfatteren med at deltage i sin venindes bryllupsceremoni?

Frågor om förståelse

1. Var träffades författaren och hennes vän första gången?

2. Varför var författarens vän sen till mötet?

3. Vad pratade vännerna om när de träffades igen flera år senare?

4. Hur kändes det för författaren att delta i sin väns bröllopsceremoni?

5. Beskriv hur bröllopsceremonin går till.

6. Hur har vänskapen mellan de två kvinnorna förändrats med tiden?

7. Vad är författarens dröm?

8. Vart planerar författarens vän att resa?

9. Varför tvekade författaren att delta i sin väns bröllopsceremoni?

www.ingramcontent.com/pod-product-compliance
Lightning Source LLC
LaVergne TN
LVHW012101160826
845678LV00014B/2893

* 9 7 9 8 3 5 3 1 7 7 0 2 9 *